中/华/少/年/信/仰/教/育

秦始皇兵马俑的故事

(增订本)

中华少年信仰教育读本编写委员会 / 编著

信仰创造英雄　信仰照亮人生

中国出版集团有限公司

世界图书出版公司
北京　广州　上海　西安

图书在版编目（CIP）数据

秦始皇兵马俑的故事 / 中华少年信仰教育读本编写委员会编著 . — 增订本 . — 北京 : 世界图书出版公司，2016.5（2024.5重印）

ISBN 978-7-5192-0877-6

Ⅰ. ①秦… Ⅱ. ①中… Ⅲ. ①秦俑—考古发现—青少年读物 Ⅳ. ① K878.94-49

中国版本图书馆 CIP 数据核字 (2016) 第 049134 号

书　　名	秦始皇兵马俑的故事
	QINSHIHUANG BINGMAYONG DE GUSHI
编　　著	中华少年信仰教育读本编写委员会
总 策 划	吴　迪
责任编辑	张建民
特约编辑	滕伟喆
出版发行	世界图书出版有限公司北京分公司
地　　址	北京市东城区朝内大街 137 号
邮　　编	100010
电　　话	010-64033507（总编室）　　（售后）0431-80787855　13894825720
网　　址	http://www.wpcbj.com.cn
邮　　箱	wpcbjst@vip.163.com
销　　售	新华书店及各大平台
印　　刷	北京一鑫印务有限责任公司
开　　本	165 mm×230 mm　1/16
印　　张	11
字　　数	143 千字
版　　次	2016 年 8 月第 1 版
印　　次	2024 年 5 月第 5 次印刷
国际书号	ISBN 978-7-5192-0877-6
定　　价	45.00 元

版权所有　翻印必究

（如发现印装质量问题或侵权线索，请与所购图书销售部门联系或调换）

序　言

信仰是什么？

列夫·托尔斯泰说："信仰是人生的动力。"

诗人惠特曼说："没有信仰，则没有名副其实的品行和生命；没有信仰，则没有名副其实的国土。"

信仰主要是指人们对某种理论、学说、主义或宗教的极度尊崇和信服，并把它作为自己的精神寄托和行动的榜样或指南。信仰在心理上表现为对某种事物或目标的向往、仰慕和追求，在行为上表现为在这种精神力量的支配下去解释、改造自然界和人类社会。

信仰，是一个人在任何时候都不能丢的最宝贵的精神力量。人有信仰，才会有希望、有力量，才会树立正确的价值观，沿着正确的道路前行，而不至于在多元的价值观和纷繁复杂的世界中迷失方向。

信仰一旦形成，会对人类和社会产生长期的影响。青少年是社会的希望和未来的建设者，让他们从普适意识形成之初就接受良好的信仰教育，可以令信仰更具持久性和深刻性，可以使他们在未来立足于社会而不败，亦可以使我们的伟大祖国永远立于世界民族之林。

事实上，信仰教育绝不是抽象的、概念化的教育，现实生活中，我们有无数可以借鉴的素材，它们是具体的、形象的、有形的、活生生的，甚至是有血有肉的。我们中华民族有着几千年的辉煌历史，多少仁人志士只为追求真理、捍卫真理，赴汤蹈火，前仆后继；多少文人骚客只为争取心中的一方净土，只为渴求心灵的自由逍遥，甘于寂寞，成就美名；多少爱国志士只为一个"义"字，不惜抛头颅、洒热血。他们如滚滚长江中的朵朵浪花，翻滚激荡，生生不息，荡人心魄。如果我们能继承和发扬这些精神和信仰，用"道"约束自己的行为，用"德"指导人生的方向，那么我们的文明必将更加灿烂，我们的国运必将更加昌盛。

　　正基于此，"中华少年信仰教育读本系列丛书"应运而生。除上述内容外，本丛书还收录了中国人民百年来反对外来侵略和压迫，反抗腐朽统治，争取民族独立和解放，前赴后继，浴血奋斗的精神和业绩，尤其是中国共产党领导全国人民为建立新中国而英勇奋斗的崇高精神和光辉业绩；不仅有中国历史上涌现出的著名爱国者、民族英雄、革命先烈和杰出人物，还有新中国成立以后涌现出的许许多多的英雄模范人物。

　　阅读这套丛书，能帮助青少年树立自己人生的良好的偶像观，能帮助青少年从小立下伟大的志向，能帮助青少年培养最基本的向善心，能帮助青少年自觉调节自己的行为，能帮助青少年锁定努力的方向，能帮助青少年增加行动的信心和勇气。

　　习近平总书记说："人民有信仰，民族才有希望，国家才有力量。"因此我们有理由相信：少年有信仰，国家必有希望。

中华少年信仰教育读本编写委员会

目录

第一章　震惊世界的出世 / 001

西杨村挖出"瓦神爷" / 001

修复后武士俑 / 004

出人意料的陪葬坑 / 007

不可思议的一号俑坑 / 010

二号坑、三号坑的发现 / 014

第二章　一个帝国的缩影 / 020

举世无双的新称号 / 020

造物后代的伟绩 / 023

天怒民怨的暴政 / 027

二世而终的王朝 / 032

第三章　世界第八大奇迹 / 035

史书中的秦始皇陵 / 035

步兵兵阵的还原 / 040

多兵种兵阵的二号坑 / 046

指挥部的发现 / 052

步兵俑 / 055

骑兵俑 / 058

铜车马 / 061

战车 / 065

武器装备 / 071

第四章　地下军团的排兵布阵 / 086

以步兵为主的阵列 / 086

多兵种混合军阵 / 092

统帅部构成 / 095

未完成的四号俑坑 / 096

第五章　秦军的战斗力 / 098

冲锋陷阵的"敢死队" / 098

战车和乘御制度 / 102

严格的军衔制度 / 104

军功授爵制度 / 107

质量的追查制度 / 112

第六章　兵马俑的艺术魅力 / 116

　　秦俑雕塑溯源 / 116
　　东西方雕塑的不同 / 118
　　形象的艺术表现 / 120
　　写实的艺术风格 / 125
　　以形写神的造型艺术 / 132
　　彩绘与泥塑的结合 / 143
　　艺术手法的浪漫 / 147
　　兵马俑的热潮 / 150

第七章　走进说不尽的兵马俑 / 152

　　秦俑制作的秘密 / 152
　　鬼斧神工的陶马制法 / 156
　　营建年代新猜测 / 157
　　秦始皇陵地宫的未解之谜 / 160
　　谁想焚毁兵马俑 / 162
　　神兵利器为何千年不朽 / 164
　　伟大工程——修复工作 / 165
　　寻找三号坑的统帅 / 167

第一章 震惊世界的出世

秦始皇陵兵马俑坑是几个农民在挖井的时候无意中发现的。

1974年初,陕西省临潼县(现为西安市临潼区)西杨村的农民为灌溉干旱的农田,决定合力在村南挖一眼水井。

西杨村,位于骊山北麓的洪积扇(洪水产生的淤积物在冲沟口所形成的扇状堆积体)之上。这样的地貌一般来说土地较为贫瘠,地面上布满砂石,庄稼长势不怎么好,但正是在这片不起眼的土地上,发现了震惊世界的文化瑰宝——秦始皇陵兵马俑。

西杨村挖出"瓦神爷"

1974年3月25日,西杨村村民杨志发、杨彦信、杨全义、杨文海、王普智、杨新满等在生产队长杨培彦、杨文学的带领下,在村南的乱石滩上开始了挖井工程。此时,甘洌甜美的井水是他们内心最渴望的东西,他们个个干劲儿十足,摩拳擦掌准备大干一场。

但命运女神偏偏和这些纯朴本分的西北汉子开了一个不大不小的玩笑。

当井挖到 1 米深的时候,杨志发等人在地下挖出了一些木炭,但他们并没有特别在意。可是当他们挖到 2 米多深的时候,出现在他们眼前的景象让他们有些吃惊:一层坚硬的红土块出现了。他们几个人面面相觑,无奈地摇了摇头。毕竟这种情况已经超出了他们的认知范围。

无奈之后更多的是忐忑不安,这群农村汉子心里思忖着这口井究竟能不能打出水来。此时,他们并不知道,自己无意中发现的是震撼世界、举世无双的"宝藏"。

3 月 29 日,这天注定是一个特殊的日子。

正是在这一天,埋藏在阴暗地下 2000 多年的秦始皇陵兵马俑即将重见天日,走进人们的视野,成为全世界关注的焦点。

负责在井下挖土的是杨志发和杨彦信。当他们挖到三四米深的时候,突然发现几个残破的陶制人头,还有就是陶制的断臂残膀。这些东西从地下一个个挖出来,在平静的小村子里炸开了锅。人们

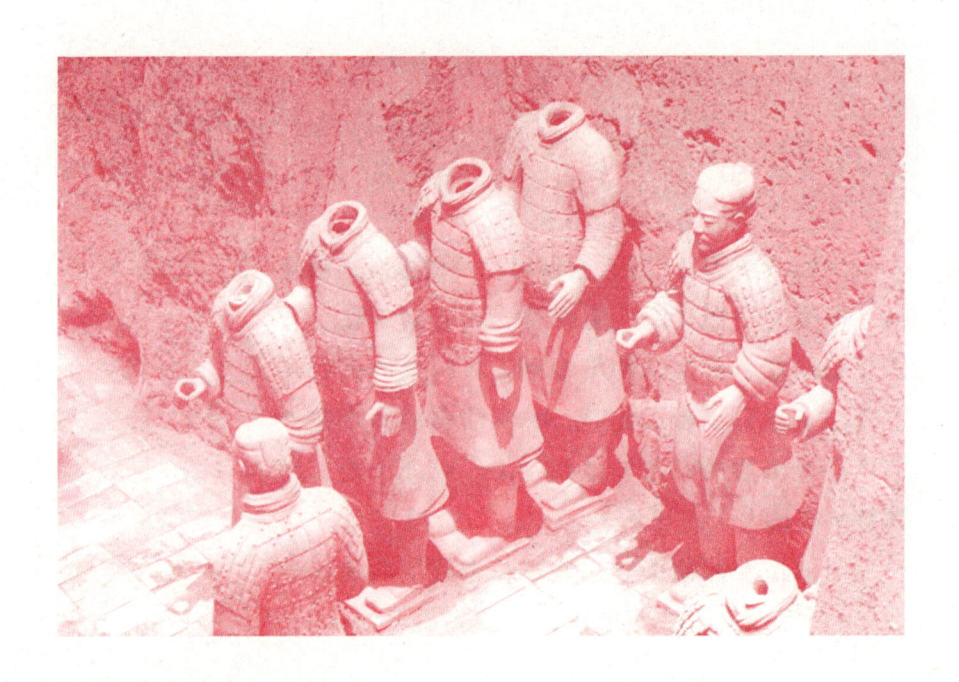

七嘴八舌地议论着，有的说这是妖魔，是邪物，撞到邪物不吉利，挖井肯定是出不了水的。

可是杨志发等人不信这个邪，继续深挖，希望再深一点就能看到汩汩流淌的清水。在挖到四五米深的时候，大量的青铜箭镞、铜弩机等兵器出现在他们眼前。这时，大家的心里着实惊慌了，甚至有人谣传说，他们挖到的是"瓦神爷"的府邸。

所谓的"瓦神"，是当地老百姓对陶质神像的俗称。瓦神后面再加上一个"爷"字，乃是表示对神明的一种敬畏。

瓦，是中国古代建筑用的一种陶制品，呈圆弧形的一种陶片，用于覆盖屋顶。中国的先民早在周代就发明了瓦，战国时期城市建筑业繁兴，砖瓦制陶工艺随之发展。除了一般的瓦之外，还有所谓的"瓦当"。瓦当，是指悬挂于屋檐最前端的瓦片，主要功能作用是防水、排水，保护木构檐头，同时亦能增加建筑的美观。最初的瓦当呈半圆形，秦代的瓦当则由半圆发展为全圆形。汉代最流行的是圆瓦当，它上面的图案基本以祥瑞纹样为主，分为动物、卷云和文字等。四神纹瓦当在汉代是主流，包括4种动物即青龙、白虎、朱雀、玄武。这"四神"与辟邪求福有关，同时又表示季节和方位。青龙，方位为东，代表春季；白虎，方位为西，代表秋季；朱雀，方位为南，代表夏季；玄武，方位为北，代表冬季。

这里的"瓦神爷"自然与瓦当上的神兽没有什么关系，但质地肯定是陶制的，或是泥塑的。先民用泥土烧制出神明的模样，用来顶礼膜拜，表达一种敬仰，传递一份心愿。如今挖井挖到了"瓦神爷"的府邸，肯定不是什么好事，想必还是一件无比晦气倒霉的事情。

西杨村挖出"瓦神爷"的消息不胫而走，没几日就传遍了周围的七里八乡。许多人抱着好奇心特地赶来事发地点，想亲眼见识一下"瓦神爷"。更有一些迷信的人，听说此事后赶紧焚香烧表，拜倒在地祈求"瓦神爷"保佑全家平安幸福。不过，也有人说这是瘟神，这几年收成不好，吃不饱穿不暖，受穷挨饿，缺衣少穿都是拜这瘟神所"赐"。一时间，各种传言甚嚣尘上，村民们莫衷一是，非但井水不能打出来，或许还增添了一个"打扰"神明的罪状。

一段时间过后，临潼晏寨公社（即今临潼骊山镇）负责水利建设的干部房树民恰好来到西杨村，他的主要工作是了解挖井的进展情况。当他听说挖出"瓦神爷"的情况后，立即前往发现地点，仔细考察了一番。房树民在当地算是一个知识分子，对文物考古略知一二，他敏锐地意识到"瓦神爷"很可能与秦始皇陵有某种关系。

修复后武士俑

房树民一方面告诉农民暂停挖井工作，并将现场封存保护起来；一方面把西杨村的情况迅速向临潼县文化局做了汇报。听到这个消息后，文化馆副馆长王进成以及文物专家赵康民、丁耀祖等立即赶到西杨村。他们感觉到这肯定是文物，但一时无法确定文物的真实身份。

第二天，赵康民又来到西杨村，他把散落在各处的"瓦神爷"残体以及众多的残片收集起来，一并运回县文化馆。赵康民费尽心力把残躯断肢重新连接起来，并尝试如何修复，如何还原，为这批文物的修复工作做出了重要贡献。到1974年6月，经赵康民之手成功修复的真人大小的武士俑就有两件。

恰好在这个时候，祖籍陕西临潼的记者蔺安稳回家探亲。当他得知"瓦神爷"的事情后,立即赶到文化馆和西杨村进行调查,访问了当事人,并发表了一篇《秦始皇陵出土一批秦代武士俑》的文章:

中新社1974年6月电讯稿(记者/蔺安稳) 陕西省临潼县骊山脚下的秦始皇陵附近,出土了一批武士秦俑。秦俑体高一米六八,身穿军服,手执武器,是按照秦代士兵的真实形象塑造的。这批武士秦俑的发现,对于评价秦始皇,研究儒法斗争和秦代的政治、经济、军事,都有极大的价值。

秦始皇陵周围以前曾出土过秦俑,但都是一些体积不大的跪俑,像这种同真人一样的立俑,还是第一次发现。特别珍贵的地方,在于这是一批武士。秦始皇用武力统一了中国,而秦代士兵的形象,史书上未有记载。这批武士

秦俑是今年三四月间，当地公社社员打井时无意中发现的。从出土情况推测，当时秦俑上面盖有房屋。后来，被项羽烧焚，房倒屋塌，埋藏了2000多年。这批文物由临潼县文化馆清理发掘，至今只清理了一部分，因为夏收，发掘工作中途停止了。临潼县某些领导同志出于本位主义考虑，不愿别人插手，因此一直保守秘密，没有向上级报告。

秦始皇陵是全国重点文物保护单位。可是，并没有得到妥善保护。生产队随意在陵园掘土挖坑，开荒种地。出土文物中的金属制品，有的竟被当作废铜烂铁销毁掉，一些石制、陶制物品则被丢来抛去。临潼县文化馆馆长李耀亭同志说，关于秦始皇陵的破坏情况，曾专门向陕西省有关部门打过报告，并建议成立秦始皇陵保管所，展出当地出土的秦代文物，对广大群众进行阶级斗争和历史唯物主义教育。但是，报告上送以后，如石沉大海，没有回音。

这篇将近600字的报道引起了国家领导人的高度重视。时任国务院副总理的李先念立即指示分管文物工作的国务院副秘书长吴庆彤和国家文物局局长王志秋，让他们迅速采取措施，妥善保护好这一重点文物。

世间的万事万物总是需要一些机缘巧合。在漫漫的历史长河中，秦始皇陵兵马俑并不是没有露过面，史册典籍中也浮光掠影有兵马俑的记载，只是人们或弃之不理，或因为相关知识不足而没有引起足够的重视。

秦始皇陵兵马俑就这样一直埋藏在黑暗的地下，千百年来不为世人所知。这不是因为它深埋地下，而是它还未遇到开启历史大门的那把钥匙。1974年3月，几位再普通不过的农民悄然拿到了这把名为"机缘"的钥匙。"轰隆"一声，尘封已久的神秘地宫的大门缓缓打开了。

出人意料的陪葬坑

1974年7月，经国务院和国家文物局批准，陕西省在最短的时间内成立了一个秦始皇陵秦俑坑探测领导小组。由于当时还没有发现陶马俑，所以就称之为秦俑。领导小组成员如下：

  陕西省文物局局长　于哲吉
  陕西省博物馆革委会（"文化大革命"时期中国各级政权的组织形式）主任　廷文舟
  陕西省文管会负责人　杭德洲
  临潼县县委宣传部部长　张志超
  临潼县晏寨公社党委书记　傅永仁
  西杨村生产队队长　杨培彦

与此同时，陕西省省委决定由省博物馆、陕西省文管会、临潼县文化馆三家抽调专业人员，成立一支秦始皇陵考古发掘队，准备对遗址进行发掘。首批的考古发掘队伍共有5人，成员的详细情况如下：

  杭德洲　45岁　北京大学考古训练班
  袁仲一　41岁　华东师大古代史（硕士研究生）
  屈鸿钧　50岁　北京大学考古训练班
  崔汉林　37岁　西北大学考古专业（本科生）
  赵康民　40岁　临潼县文物馆（高中生）

从以上考古人员的资料可以看出,这是陕西方面派出的最为精干的考古分队之一。在当时的时代背景下,像这样年富力强、受过专业考古训练或具有实际考古经验的考古队伍是一流的。

7月15日下午,杭德洲、袁仲一等考古队人员,携带着行军床、蚊帐等生活及发掘工具,匆匆离开西安赶赴西杨村,开始正式发掘前的勘探工作。

第二天,考古队员们在考察当地地形地貌时注意到:农民挖井处是一片荒滩和柿子树林,地形南高北低、西高东低,呈阶梯状的坡形;东边有条既深又广的大水沟,西边有数条古河道,河道内堆满了厚厚的砂石。树林间散布着一座座圆丘形的小坟堆。而西杨村村民挖井的地方就位于柿子树林的东边,在一棵大柿子树的旁边。

7月17日,考古人员进入工地后开始了新的任务:围绕赵康民原来发掘的俑坑向外扩展。此时,考古人员对发掘并没有抱多大的希望,原因很简单:这个地方距离秦始皇陵墓太远了,两者很难联系到一起。于是大家粗略估计大约十天半个月发掘工作就可以完成了。

考古队开始对俑坑进行勘探和清理,在原来挖掘的基础上继续进行清理工作。清理的范围南北长16.85米、东西宽7.85米,距地表深2.7—4.5米。清理工作持续到7月底时已清理出秦俑10余件。

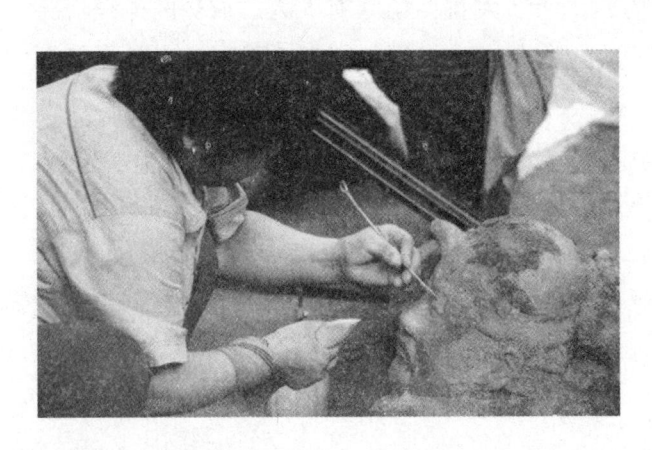

出人意料的是,除俑坑东边的墙壁局部清理出来外,其余三面仍然不见坑边。

008　秦始皇兵马俑的故事

为了寻找俑坑的边缘，搞清楚俑坑的形制和大小，考古队工作人员从8月1日起继续向周围扩大清理范围。清理的范围已形成了一个南北长24米、东西宽14米，面积达336平方米的长方形地域。然而在接下来的半个月里，考古队员们还是没有摸着俑坑的边。

这简直太神奇了，甚至有些离谱，凡是陪葬坑都会有边有角。然而这个俑坑却大得超过了人们的想象。当俑坑拓展到400多平方米的时候，仍然不见边际。考古人员大为惊讶，有人甚至提出疑问："这可能不是陪葬坑吧？如此规模的陪葬坑，在世界考古史上也未曾发现过！"

这真是死秦皇吓住了活专家！考古人员面对这支地下大军神秘莫测的阵容，不得不考虑重新部署，再次派出侦察部队探查虚实，以防中间出现偏差。

发掘工作停止后，考古队的领队将遇到的情况以及考古队员们心中的疑团向领导小组作了反映，同时提出了增派力量进行钻探的建议。这个建议很快得到了批准。8月初，上级部门增派了3名考古人员来到秦始皇陵俑坑的发掘现场。这3个人的基本情况如下：

    王玉清 52岁 北京大学考古训练班
    程学华 41岁 北京大学考古训练班
    杜葆仁 37岁 高中毕业

3名队员进入考古工地后，以间隔3米的距离，开始在俑坑周边用考古探铲（即俗称的"洛阳铲"）打孔钻探。

当探铲游离到远离打井位置100米外时，大家对俑坑存在的真实性发生了根本性的怀疑，甚至导致有些队员对自己本身的考古知识都产生了质疑。

不可思议的一号俑坑

然而，正当考古人员们猜疑不定时，当地又发生了一件神秘而离奇的事情。

正是这件事使大家对于俑坑是否存在的怀疑烟消云散，也正是这件事使原本缥缈虚幻的秦始皇陵俑坑从此揭开了神秘的面纱。

那是在刚开始钻探发掘的第一天下午，太阳渐渐西沉，浓烈的余晖洒落在不远处的柿子树上。大树下坐着一个须发皆白的老年人，正若有所思地眯着眼睛打量着考古队人员。他的出现最初并没有引

起大家的注意。但是当程学华等人拔出探铲要结束一天的工作时，白发老人从树下慢慢走过来，他轻轻地向程学华问道："你看这地方有没有？"

正准备收回洛阳铲的程学华听了这句没头没脑的话后，反问一句："你看有没有？"

老人没有回答，转身离开了。

第二天，白发老人依然像昨天一样坐在树下观看着他们的发掘工作，并且准时地在程学华结束工作前重复地问道："你看有没有？"

程学华的回答也依然如旧："你看有没有？"

这次白发老人没有离去，原本恬淡的脸色因为气愤而涨得绯红，语气也变得有些生硬起来："你现在反过来问我，那么到底是你在探测还是我在探测？"

老人的反诘让程学华感到有些惊讶，他抬起头来仔细地打量了白发老人一番，发现眼前的老人不像普通村民，倒像是个世外高人。程学华将原本涌上心头的恼火强压下去，语气有些犹豫："我看底下好像有，可是……"

白发老人看了看欲言又止的程学华，微微一笑道："那好，你跟我来吧！"程学华奇怪而又怀疑地望望老人自信的神态，然后坚定地放下探铲大踏步地跟着老人向西走去。

大约到离井口200米的地方，老人停了下来，捋了捋飘在胸前的如雪白须，笑呵呵地对程学华说道："吾夜观天象，俯察地貌，通晓此地地理走势。观卿品貌端庄，性情淑达，特以告之。俑坑自此为止。"

"什么？你说什么？"程学华瞪着一双大眼睛，怔怔地看着老人，问道，"您没开玩笑吧？"

"信耶？梦耶？全凭君裁！"白发老人依然笑眯眯地望着程学华不再言语，只是不时地在周围来回走动，指指点点。此时的程学华只想着心事，对老人的话并没有太在意。当他回过神来的时候，却见白发老人像神话中所说的那样，在夕阳余晖的掩映下悄然消失在俑坑旁边的柿子树林中。

第二天，程学华按照白发老人指点的位置，半信半疑地开始钻探，果然有陶片被提了出来。经过一年的探测之后，整个俑坑被完全解开，事实证明那位白发老人所指点的位置完全正确。一时间，这个神秘的白发老人的种种猜测也在考古工作队中流传开了。

有的人说老人曾经参加过挖墓取土，对于地下俑坑的轨迹非常了解；有的人说他是半仙下凡，具有通灵的神通，了解阴阳两界、地上地下的事情；又有人大胆地推测说白发老人的祖宗或者白发老人本身就是盗墓贼，他曾经在此处盗过墓，所以对于俑坑附近的地貌地形了如指掌。但是无论做怎样的推测和臆想，随着这个神秘人物的消失，再也无法对他的真实身份做出真实的判断了。

经过大约半年时间，考古人员通过大面积钻探和部分解剖，大体上弄清楚了俑坑的范围和情况。

如此规模庞大的军阵令考古人员目瞪口呆。他们为自己当初设想的"十天半个月"就能完成发掘任务的短浅之见，感到惭愧和难堪。既然俑坑范围已经厘清，那么接下来的工作就是发掘并加以验证了。当考古队将探测情况上报给上级业务部门之后，便开始了大规模的发掘。

然而，如此庞大的工地仅仅靠几名考古队员是无法进行的，考古队在附近农村招收了一批农民工协助工作。随着发掘规模的不断扩大，经过联系，考古队又从当地驻军借来百余名解放军战士参加发掘。不久，西北大学历史系考古专业的几十名学生在刘士莪的带领下也加入到秦始皇陵秦俑的发掘工作中。

截至1975年3月清理工作结束，共出土与真人、真马大小相似的秦俑500余件、陶马24件，木质战车6乘（读作shèng，古代战车的计量单位），以及一大批青铜兵器、车马器等文物。只是因为俑坑经火焚塌陷，出土的秦俑、陶马均已破碎，战车遗迹非常凌乱。

与清理发掘共组进行的是再度进行钻探取样的工作。钻探取样的工作是以农民挖井处为起点向四周扩展钻探。钻探取样采用的是"#"字形格局，每个取样孔的间距为2米。在钻探取样过程中，一般钻探1米左右就可以取出红色被烧过的样土，再钻探深入到2米左右就可见到被烧毁的坑顶上部的棚木炭迹，如再深入到3—4米就可看到秦俑的残片。

在此过程中，意外的惊喜给了考古队员以额外的回报。8月8日下午，下和村69岁的和万春老人对考古队员说了这样一件事情，引起了考古人员的兴趣。

和万春老人说："在我十三四岁的时候，有一天，父亲在地里挖井，发现了一个像人一样的怪物紧紧地贴在井壁上。那时井里还充满清澈见底的水流，可过了两三年之后，井竟然干涸了。父亲认为是那个怪人把水喝光了，于是生气地将怪物挖了出来，将其吊在树上暴晒，可过了很长时间，井还是干涸着。父亲一气之下，就将这个怪物用棍子打碎了。"

听到这里，考古人员将"和万春老人父亲打井遇上怪物"和"西杨村村民打井挖出瓦神爷"这两件事情联系起来。经过商量之后，

他们断定和万春老人描述的"怪物"就是秦俑。众人的热情再次被激发出来。

在和万春老人的指点下，考古队员来到当年挖井的地方。只见井的旁边有一个小坟丘和一棵沙果树。考古队员们心情激动，跃跃欲试，迅速拿出探铲深入地底进行探测取样。

经过一番探测之后，果然在距离地表5米深处发现秦俑的残片，而这里距离考古队正在发掘的试掘点大约有150米。于是考古队员们继续扩大钻探范围，结果竟然把试掘点与和万春父亲挖井处连接起来了。这一下证明了这的确是一处前所未见的大型俑坑。

1975年6月，考古人员经过10个月艰苦细致的考古勘探和探测，已经基本上探明了俑坑的范围及性质。这是一个东西长230米、南北宽逾62米，距离地表4.5米至6.5米，面积为14 260平方米的大型陪葬坑。在这个深坑中共发现了6000余件武士形象的秦俑组成的军阵，考古人员将其编号为"一号俑坑"，并定名为"秦始皇陵一号兵马俑坑"。

规模如此之大，埋藏的秦俑、陶马如此之多，还有众多的巨型陪葬坑，这在中国乃至世界考古史上都属首例。"秦始皇陵一号兵马俑坑"的发现瞬间在全世界引起了巨大轰动。

1975年8月，国家文物局报请国务院批复，决定在兵马俑坑原址上建立大型遗址博物馆。建馆工程于1976年5月开始，在动工前为确保施工过程中文物的安全，他们将原本在试掘方内已揭示出的文物全部用土覆盖。

自此，一号坑的神秘面纱就全面揭开了。

二号坑、三号坑的发现

1976年2月，当一号兵马俑坑的勘探工作画上句号后，考古队将工作重点转移到寻找新的兵马俑坑上来。当时以袁仲一为首的考古队员们推想：按照中国人的均衡对称的传统习惯而言，在秦始皇陵的西边、南边、北边，会不会还有二号、三号、四号兵马俑坑？考古队员们根据这个思路将队员分为两支小分队，按照不同的任务目标在秦始皇陵的四周进行考古调查和勘探工作。

在一号坑附近，一支小分队人员选择了距离秦始皇陵 1.5 千米以外的位置进行勘探取样。那里是一片茂密的柿子树林，并且底下堆积着厚厚的砂石层，钻探工作极为困难。小分队队员们辛辛苦苦工作了一个多月仍一无所获。大家难免有些灰心丧气，有人抱怨说这样漫无目的地胡碰乱撞永远也不会有结果的。

4月21日这天，正当大家为勘探的前途发愁的时候，传来了一个振奋人心的消息。建筑工人徐宝三进行博物馆地基钻探时，在一号兵马俑坑的东端北侧发现地下的土质比较坚硬，推断可能是夯土，赶紧将这个消息报告给考古队。考古队的人员听到消息后，全部集中到徐宝三发现夯土层的地方进行钻探取样。

大家忐忑不安地等待着探测取样的结果。4月23日，经过检测分析，此处果然有秦俑残片。整个工地都沸腾了，大家高兴地欢呼着、跳跃着，认识不认识的人们都握手拥抱，尤其是那些对此次考古心存疑虑的队员们更是兴奋异常，既为自己的错误怀疑而内疚，又为祖国宏伟的艺术瑰宝而自豪。

狂热的兴奋劲头过去之后，大家逐渐冷静了下来。大家分析这里的地貌比较复杂，地面是一片果树林，多数为柿子树，少数为杏树，高大粗壮，均为百年以上的老龄树木；另外地面上还有许多小坟丘，有的坟丘上夹杂着秦俑的碎片，由此可以说明，若干年前当地村民挖墓穴时曾经挖出过秦俑或者秦俑碎片。

这里地势西南高扬，东北地势低洼。西部有一条大土沟，是当地农民长年累月地取土而形成的；东部有一条古河道和一口现代的大水井；南部有一条东西走向高1米多、长约200米的土崖，这条土崖将周围的土地分隔成两块南北高低不同的两级台地。发现夯土层和秦俑残片的地方就位于第二级台地东南角的一棵大杏树的附近，而这块地与一号兵马俑坑相距不远。

这是自然界奇迹般的巧合，还是冥冥之中神奇力量的支配？带着这样的疑问，大家既兴奋又有些不安地开始了一场关于秦始皇陵兵马俑坑探索的讨论：这是一座新的俑坑，还是原本就是一号俑坑的一部分？如果是新的俑坑的话，里面又会埋藏着什么东西呢？大家兴奋地猜测、推敲，热情而又紧张地探讨着关于这处俑坑的情况。

一切疑问的解决都需要有力证据。为了解决这个悬而未决的疑问，考古队以新发现的秦俑残片处为基准点向四周扩大探测取样区域。经过半个多月的艰苦工作，截至1976年5月10日，探明的俑坑基本情况为：俑坑的平面呈现为曲尺形状。其方向为坐西面东，

东西方向长 124 米（包括门廊），南北宽 98 米（包括北侧门廊），面积为 12 151 平方米。

二号俑坑距地表深约 5 米，面积约 6000 平方米。俑坑东边有 4 个斜坡形门廊，西边有 5 个斜坡形门廊，北边有 2 个斜坡形门廊，南边没有门廊。此俑坑坐落于一号兵马俑坑的东端北侧，两俑坑相距 20 米。这个新发现的俑坑是与一号坑不相连的又一个全新的兵马俑坑，所以考古工作人员给其编号为"二号兵马俑坑"。

为了进一步了解二号坑内部的结构和埋藏情况，考古队于 1976 年 5 月至 1977 年 8 月底对二号坑进行了局部试掘，先后共开掘了 19 个小型试掘样方。经过精心的梳理，在视觉方内共出土木质战车 11 乘，拉车的陶马 37 匹，骑兵的陶制鞍马 29 匹，骑士俑 32 件，跪射俑、立射俑等各类武士俑 192 件，青铜兵器和车马器等共 1929 件。

通过对试掘方内的秦俑、陶马的排列密度进行初步推测，考古队最终得知二号坑内共有秦俑、陶马 1400 余件。

当发现并且发掘了二号兵马俑坑后，以袁仲一为首的考古队员们并没有停下他们继续探索的步伐。出于职业的习惯，他们一方面进行二号坑的发掘工作，一方面抽调出一部分人员以细密拉网式的排查方法继续在周围地区探测取样，希望能够再找到新的俑坑。当时大家一致认为：一号俑坑的东端北侧有二号坑，那么在其西端北侧也应该有个俑坑，这样在布局上才合理。所以应该将西端北侧的区域作为重点钻探区。

其实一号坑西端北侧的地形地貌与二号坑极其相似，地面也是长满一片沙果树林和石榴树林，并有几座小坟丘，还有看果园的农夫临时搭建的简易草棚。一条古河道从这里默默地穿越而过，好像诉说着当年秦代的繁华与强盛。地面上堆满了很厚的砂石层，探铲很难深入钻探，于是考古队员们将砂石层从地面上剥离开去，继续钻探取样。然而即使这样，他们的工作仍然非常艰苦。

5月11日，这注定又是一个让人难以忘却的日子。在这天，考古队员们的辛勤劳动得到了丰厚的回报，他们再次发现了一个新的兵马俑坑，为考古史书添上了浓浓的一笔。

这一天，考古工作队的一个工作人员在探孔内发现了五花土（即人工动过的土层）。当他们继续往下钻探直至5米多深的时候，又发现了一些秦俑的残片。大家欣喜地认为这又是一座新的俑坑。为了验证这一推测，考古队的工作人员将俑坑的范围进一步扩大化。

经过考古工作人员的不懈努力，到了6月份，新俑坑的基本情况探查清楚了。大家为了与其余的两个俑坑进行区分，将其按照惯例编为"三号兵马俑坑"。至此，三号坑的形制问题全部得以解决。

三号坑与一号坑相距25米，向东距二号坑120米。三号坑的平面呈现为"凹"字形，其方向为坐西面东。俑坑东边有一条斜坡形门廊。三号坑的面积较小，其东西方向长28.8米（含门廊长度），南北方向宽24.57米，面积约520平方米，距离地表深5.2—5.4米。为了更加详细地了解坑里埋藏文物的情况，1977年3月至12月，考古队的工作人员对三号俑坑进行了细致的试掘。

试掘发现，三号俑坑内有木质战车1乘，秦俑、陶马72件。由于该俑坑是地下坑道式的土木结构建筑，因木质腐朽造成俑坑塌陷。并且考古人员发现在俑坑北部西侧发现了一个直径达1.5米的盗洞。

经过分析，大家一致认为盗墓贼曾经趁着俑坑塌陷经此盗洞进入俑坑内，将青铜兵器等重要器物盗走，并且可能故意或者无意间将秦俑、陶马打碎。工作人员还发现许多秦俑头被拿走，因此许多秦俑仅存残破的躯干。至于三号俑坑是什么时候，被什么人盗掘和破坏的，当时还不能做出确切的判定。

"秤砣虽小压千斤。"虽然三号俑坑的面积很小，但内部结构复杂，秦俑的身份亦较特殊。每一个秦俑与另外一个秦俑都是面对面做夹道式排列，这个结构使人联想到这些武士俑应该是担任警卫任务的武士。因此专家判定三号俑坑可能是统帅一、二号兵马俑军队的指挥部。

至此，秦始皇兵马俑的3个俑坑全部被发掘，驱散了笼罩在人们心头的一团迷雾。

第二章 一个帝国的缩影

公元前259年正月,一个男婴在邯郸降生了。若干年后,这个哇哇啼哭的男婴横扫六国,一统天下,成为中国历史上第一位皇帝——秦始皇。在他死后,依然雄风不减,成为兵马俑地下宫殿的统帅。

自古以来,后人对秦始皇褒贬不一,但不论他是明君还是暴君,终是前无古人后无来者的"千古一帝"。他的一生就是一部史诗;他的一生就是一个帝国诞生与衰落的缩影。

举世无双的新称号

秦始皇本名嬴政,也曾叫赵政,是秦国秦庄襄王之子。嬴政13岁登基,因年纪尚幼,并未真正掌握实权。当时秦国内部有两大势力,一是以丞相吕不韦为首,二是以依附嬴政母亲赵太后上位的宦官嫪毐为首。

吕不韦作为丞相管理秦国时,使本就强大的秦国一直保持着稳定发展。吕不韦虽然不具备秦始皇"并六国,天下一"的雄才伟略与帝王气魄,

但也是一代政治人才。这也是他权倾朝野、门客党羽数不胜数的原因之一。

相比吕不韦的政治建树，嫪毐更像是"暴发户"。他本人没有什么真才实学，在政治方面也没有吕不韦的真知灼见，只是依靠赵太后的娇宠发家。赵太后帮他弄到一块封地，他便在封地上培植自己的势力，做起了土皇帝。最后，暴发户嫪毐的野心越来越大，竟打起了称霸整个秦国的主意。

公元前238年，嬴政长大成人，在旧都雍城薪年宫举行冠礼。嫪毐为了阻止嬴政亲政，公然发动兵变，带兵打到薪年宫。嬴政虽未掌握实权，但对嫪毐的野心并不是全然不知，早就对其有所提防，暗中做了诸多准备。所以，嫪毐的这次兵变犹如一场闹剧，很快就被平定了。

嫪毐当初是吕不韦献给赵太后的。吕不韦本想通过嫪毐讨好赵太后，巩固势力，谁知反酿成大祸。因薪年宫之变，嬴政趁此机会罢了吕不韦的相位。不过，吕不韦虽被罢免，但回到居食邑后依旧风光无限，不少故知臣僚前去拜访他，他的府邸可谓是门庭若市。

已经亲政的嬴政将这一切看在眼里，将吕不韦视为眼中钉、肉中刺，对吕不韦一再打压。最终，清楚嬴政心思的吕不韦选择自饮毒酒而亡。

就这样，嬴政亲政不久，便将朝中两大势力全部拔除。

解决两大威胁后，嬴政开始大刀阔斧地施展自己的雄才伟略。他任贤举能，重用李斯、尉缭等人，积极筹划统一大业。李斯才智过人，虽是吕不韦提拔上来的，但深得嬴政器重。嬴政亲政后，李斯便劝说嬴政灭诸侯，成帝业，成为嬴政实施统一大业的重要谋臣。

尉缭也是为秦始皇统一大业出谋划策的重要人物，主要负责军事方面。吞并六国的主要战略都有他的功劳，对秦统一大业做出了重大贡献。

公元前230年，在嬴政的指挥以及众贤臣的辅佐下，秦军先攻破了韩国，又攻入赵国，俘虏了赵王。之后又陆续攻破了魏国、楚国、燕国。最后于公元前221年，秦军南下一举灭了齐国，六国俱亡。自此，秦王嬴政一统天下，建立了中国历史上第一个统一的多民族专制主义中央集权制国家，定都咸阳。

完成统一大业后，嬴政自认为"既有三皇之德，又有五帝之功"，功劳业绩无人能比，"秦王"已经不足以表现他的威严，需要一个绝无仅有的新称号。嬴政将自己的意向告诉给群臣，让群臣共同商议一个举世无双的新称号。

嬴政的提议可难坏了众臣，大家绞尽脑汁，提出各种建议。有人说可以用三皇中最尊贵的"泰皇"为帝号，但嬴政并不满意。大臣们又提出几个，嬴政都不甚满意，最后还是他自己选取古代"三皇"之"皇"和"五帝"之"帝"，合而为一，自称为"皇帝"。从此，皇帝一词就成为后世2000多年封建君主的尊号。

嬴政规定，皇帝身份地位至高无上，无人能敌，大臣对他的名字都应避讳，比如地方官职"里正"改称"里典"，就是因为这个原因。除此之外，文书中遇到皇帝字样或与之同义的词，要另行顶格书写。这些规矩后来都为历代封建皇帝沿用。

定好称号以后，嬴政宣布自己是这个国家的第一个皇帝，即"始皇帝"，希望把他所开创的帝业让后世子孙代代相承，递称二世、三世皇帝以至传之无穷。"秦始皇"的称号也就由此而来。

秦始皇还创立了与皇帝名号相一致的一些名号制度，以显示皇帝的独尊地位。例如，他规定皇帝自称"朕"，即"我"的意思。再例如，他规定只有皇帝的大印可以称作"玺"，此后一般人的印章不能称"玺"。

秦始皇开创的许多显示皇帝独尊的规定都被后世各朝帝王所沿用。

造物后代的伟绩

秦始皇统一中国后，建立了许多"造福后代，泽被苍生"的丰功伟绩，影响较大的有统一文字，废封国，立郡县；统一货币和度量衡；车同轨，道同距；修建灵渠，修筑长城；北击匈奴，夺回河套地区。

秦始皇建立大秦帝国以后，为了有效地管理国家，也为了替子孙万代奠定基业，吸取了战国时期官职设置的具体经验，且建立了一套相当完善的中央集权制度和政权机构。这个制度的运行机制是这样的：国家的最高首领是皇帝，皇帝之下的中央机构设立丞相、太尉、御史大夫，他们是中央机关的首脑，称为"三公"。

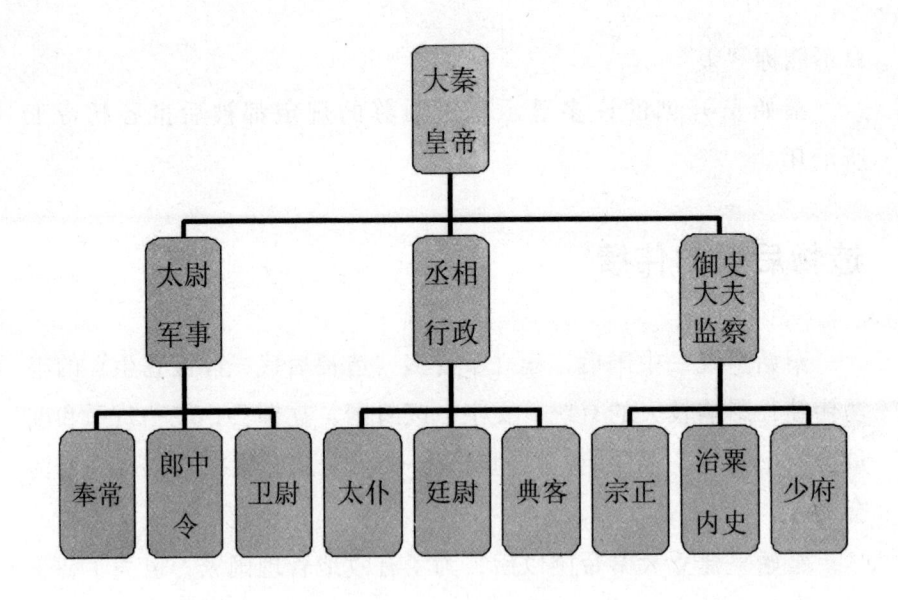

```
                    ┌─────────┐
                    │ 大秦皇帝 │
                    └────┬────┘
         ┌───────────────┼───────────────┐
      ┌──┴──┐         ┌──┴──┐         ┌──┴──┐
      │太尉 │         │丞相 │         │御史大夫│
      │军事 │         │行政 │         │监察 │
      └──┬──┘         └──┬──┘         └──┬──┘
   ┌─────┼─────┐    ┌────┼────┐    ┌─────┼─────┐
  奉常  郎中令 卫尉  太仆 廷尉 典客  宗正 治粟内史 少府
```

其中，丞相为最高行政长官，辅助皇帝处理政务，同时负责对文武百官的管理；太尉为全国军政首脑，主持军政事务；御史大夫，执掌全臣奏章，下达皇帝诏令，负责监察百官。"九卿"分为奉常、郎中令、卫尉、太仆、廷尉、典客、宗正、治粟内史、少府这九个官职，他们作为中央行政机关分别负责行政事务，如祭祀、礼仪、军事、行政、司法、文化教育等。

"三公"之间权力平衡，职责分明，而且他们都直接听命于皇帝。"三公"的下属是负责各部门具体事务的"九卿"。

其中，九卿中的奉常负责掌管皇室宗庙礼仪的工作；郎中令负责掌管宫廷卫戍部队，侍从皇帝左右，参与商讨军国大事，负责皇帝禁宫的卫戍安全的工作；卫尉负责掌管皇宫宫门警卫工作；太仆负责掌管皇帝出行的车马管理工作；廷尉为最高司法机构的负责人，负责审理刑事案件的工作；典客主要负责接待处理少数民族事务方面的工作；宗正负责管理皇帝宗室亲族事务，所以这个职务多由皇室宗亲担任；治粟内史负责管理粮食、食品、货币等事务的工作；

少府负责掌管山海池泽里面出产货物的赋税收入以及皇室手工业制造的工作。

无论三公，还是九卿，均由皇帝直接任免调动，这些职位的官员一律不得世袭。这样就保证了中央权力最终集中到皇帝一个人手中。

战国时代，由于长期分裂割据，诸侯国各自为政，文字上各不相同。各国按照自己的文化、风俗习惯制定文字，从而使文字在漫长的发展演变过程中出现了很大的分歧，形成了"言语异声，文字异形"的局面：有的字体奇形怪状，有的任意更改笔画，并且由于战国时期国家众多，尤其是偏远少数民族众多，从而造成异体字繁多，文字形体混乱不堪，无法辨识的现象极为普遍。

正是在这种情况下，秦始皇进行了统一文字的改革活动。他命令李斯等人以秦国流行的文字为基础，整理出一套"秦篆"（也叫作"小篆"），将其作为法定的标准文字，废除其他六国以及地方性的异体字。

为了推行统一的小篆体，秦始皇命令李斯作《仓颉篇》、赵高作《爰历篇》、胡毋敬作《博学篇》，以宣传推广小篆体文字。因为篆书书写速度慢，又创造出一种更加简便的隶书，从此隶书就作为政府文书的通用体例文字而得以流传开来。

在秦始皇的推动下，小篆和隶书成为全国通行的字体。字体的统一对中国文化、政治发展产生了深远影响，历史虽变迁不止，文字发展亦有演变，然而文字却始终是相对统一的。尤其是隶书的出现，把在很大程度上仍带有象形味的秦篆进一步符号化，成为汉字发展史上的一大转变。秦代隶书的出现和通行，可以说是中国文字由古体转变为今体的里程碑。

战国时期，各国货币形状、大小、轻重各不相同。燕齐两国使用的是刀形的刀币；韩、赵、魏三国流通的是铲形镈币(又叫布币)；楚国使用形状仿佛海贝的蚁鼻钱；而秦国、东周、西周使用的则是圆钱。这些货币形状不一，大小各异，轻重不同，从而致使货币流通混乱，换算复杂。

作为货币流通的黄金，各国计算单位也不一致，有的用斤(16两)计算，有的以镒（20两）为单位进行换算，给百姓的生活造成了极大的不便。秦始皇统一中国后，规定货币分为两等，以黄金作为上等货币，它的单位是镒；以外圆内方的铜钱作为下币，以半两为单位，称之为"半两钱"。币制的统一，克服了过去使用、换算的困难，也便利了商品交换，促进了经济的发展。

战国时代，各诸侯国为了封建割据，在各自的势力范围内筑堡垒，设关卡，修堑壕，以抵御敌对国家的攻击。但是由于这些防御工事都依山傍水，所以在一定程度上严重阻碍了交通的发展。

秦始皇统一全国之后，下令"堕坏城郭，决通川防，夷去险阻"，拆除了那些原本各国修建的阻碍交通的关塞、堡垒和城墙，并且将那些以邻为壑的不合理的堤防设施全部掘通，使其连接在一起；消除了其他六国以及诸侯封地的私人屏障和人为构成的关卡，从而使各地区之间商品的流通得以便利进行。

公元前220年，秦始皇下令修筑以都城咸阳为中心的驰道（秦始皇时期专供帝王行驶马车的道路）。这些新修的道路以咸阳为中心，形成了四通八达的交通网，并且由这些交通网向外发散，从而把全国各地紧密地联系在一起，使这些地区的各族人民都处于统一的秦王朝统治之下。值得一提的是，这些交通网把关中、四川、云贵连成了一片，对加强南方及西南民族与内地的经济文化联系起了巨大的作用。

当时除了西北地区的青藏高原与咸阳无交通干线外，长城以南的地区全包括在这个交通网内。在治道的同时，秦始皇还下令"车同轨"（使马车车轮实现统一、标准化生产，从而使车轮的轨道相同）"舆宽六尺"（马车车轮宽6尺），进一步便利了交通往来，促进了各地区的商品交换和经济、文化交流。这样的交通统一规划制度对于消除封建割据、加强中央集权、巩固多民族国家的统一具有重要意义。

天怒民怨的暴政

为了进一步巩固自己的统治，统一人民的思想，秦始皇"收天下书不中用者尽去之，悉召文学方术士甚众，欲以兴太平。"除此之外，为了长生不老，他听从方士（中国古代好讲神仙方术、从事巫祝术士的人）徐市（也写作徐福）、卢生、侯生等人的谬言，派人四处寻访神仙求长生不老药。

最终，秦始皇认识到这一行为的荒谬和无知，说道："吾招方术欲炼求奇药，去不报，徐市等费以巨万计，终不得药，徒奸利相告日闻。"于是，盛怒之下，秦始皇下令将咸阳附近的读书人全部逮捕入狱，亲笔圈定将460余人以"妖言""诽谤"等罪名活埋。

就像一枚硬币有两面一样，人性也是由善恶两面组成的。秦始皇焚书坑儒，使先秦大批文献古籍付之一炬，给中国文化造成重大损失，使春秋末期以及战国以来蓬勃发展的自由奔放的求学精神，遭受了一次致命的打击，而秦始皇本人最后也落了个"竹帛烟销帝业虚，关河空锁祖龙居"的悲惨结局。然而谁又能想到，正是这么一个残暴的专制君王却也懂得尊师重道，下面就给大家讲一个秦始皇拜荆条的故事。

公元前215年的一个秋天，秦始皇率领文武百官开始第四次出巡，这次出巡的目的主要是按照徐市、卢生等人所说，去琼岛仙域寻仙访圣，寻求长生不死之药。秦始皇在威武雄壮的卫队的护卫下从碣石（在今河北昌黎县西北方向）向东北方向前进，以寻找传说中的仙岛琼宇求长生不老药。

伴随着清脆的马蹄声，秦始皇回想起自己在赵国读书的往事。

那时候秦始皇启蒙的老师虽然严厉，但是却让人钦敬难忘。秦始皇想起老师教给自己的第一课就是自己祖宗的姓氏——"嬴"字。

当时老师循循善诱，教导他："'嬴'字，上面一个'亡'，中间一个'口'，下面的左边是个'月亮'的'月'字，中间是个'女'字，右边一个'凡'字。"说完以后，他让嬴政好好学习，并再三告诫说明天要进行测试，如果默写不出来的话就要受到惩罚。

无奈年幼的秦始皇一时贪玩，没有学会这个字。第二天，秦始皇不仅没有默写出来，还向老师抱怨说："老师，这个字太难了。"

老师听了秦始皇的抱怨，斥责道："一个嬴字都感觉很难，没有信心去克服它。以后偌大个秦国等着你去治理，困难和挫折会更多，你难道能知难而退吗？"说完，举起荆条惩戒贪玩的秦始皇。

时光荏苒，岁月如梭。如今，幼年无知的嬴政已经成长为一代帝王，然而老师却已经作古（比喻自己尊敬的人去世），即使现在想报答老师的启蒙之恩也无处回报。秦始皇一时间陷入沉痛的忧思之中。不知不觉中，车舆已经到了蓬莱仙岛。

到了岛上，秦始皇鹰视虎步，环望渤海，一时间雄姿英发，气象万千，大有一番气吞万里、俾睨天下的傲气。当他随意浏览岛上风景的时候，突然撩起身上的龙袍，屈膝下跪。随从的大臣见此情景，尽管感到莫名其妙，也只得跟着参拜起来。

等到秦始皇站起身来的时候，宰相李斯才趋步上前问秦始皇为何参拜。秦始皇深情地说道："这个岛上生长的荆条，就是朕当年在邯郸时老师所用的荆条，朕今天见到荆条，如见恩师，岂能不拜？"

后来，因为秦始皇求仙驻跸（指帝王出行在途中停留暂住）在此岛，所以后人将其命名为秦皇岛。作为封建时代的帝王，秦始皇虽贵为九五之尊，仍然知道尊师重道，实在让人敬佩。

秦始皇统一中国后，原本属于六国的臣民怀念旧国，一心想复国而心怀不满。本国人民由于连年经受战乱、繁重的徭役之苦，也怨声载道。

在这种情况下，作为帝王，秦始皇本应该勤政爱民，体恤民众之苦，减轻人民的赋税和徭役，缓和社会矛盾，增强国家和人民的向心力，但他却醉心于求神访道，妄想摆脱生死循环这一亘古不变的自然规律。

大秦帝国内部暗流涌动，全国上下对于秦始皇残忍暴虐的专制统治极为不满，处处透露出一股血腥的复仇气息，针对秦始皇的暗杀行动接二连三地发生。

秦始皇二十九年（公元前218年），秦始皇巡游山东半岛。当出巡队伍走到博浪沙（今河南省阳武县）时，一把27千克重的大铁锥突然从天而降。这把大铁锥只击中了一辆副车，秦始皇毫发无损。原来，这是韩国（战国时的韩国）张良策划的暗杀行动。

张良出生于韩国贵族之家，祖父和父亲都曾任韩国相国。亡国之后，他雇佣大力士，策划了这次刺杀秦始皇的行动。由于秦始皇车队阵容庞大，座车众多，张良与大力士无法辨认出哪辆车是秦始皇所乘坐的，致使此次刺杀行动失败。

秦始皇三十六年（公元前211年），天上掉下一块陨石，上面刻着"始皇帝死而地分"7个字。这7个字包含着秦国民众盼望残暴的秦始皇早点死亡、秦帝国分崩瓦解的愿望。秦始皇恼羞成怒，下令将陨石附近的所有居民全部杀死，并将石头熔化以解心头之恨。

同年秋天，关东的一个使者准备去咸阳，当他走到华山脚下的时候，天已经黑了。这时，从黑暗中走出一个人来。那人手捧着一块玉璧对使者说道："替我把玉璧送给滈池君吧！告诉他明年祖龙将死。"

滈池君是渭河边受人祭祀的水神，是神话传说中的人物。现实中的人怎么能与传说中虚无缥缈的人物交往呢？想到这里，使者被这些莫名其妙的话给弄糊涂了，当他准备问清缘由的时候，来人却诡异地消失不见了。使者只好将玉璧带回国都咸阳交给秦始皇。

秦始皇听完这个神奇莫测的故事之后，沉默许久才吐出一句："山鬼固不过知一岁事也。"说罢，就退入卧室去了。这句话的意思是说山野鬼魅之辈，顶多能预见一年之内的事情。由此可以看出雄才大略的秦始皇也是比较敬畏鬼神的。

其实，这块玉璧就是8年前秦始皇巡游长江时掉入江中的。当时风雨大作，雷霆万钧，眼看着龙舟就要被水神吞没，秦始皇不得已捧出镇国之宝——皇帝玉玺，也就是这块玉璧，将其抛入长江中，不一会儿长江便风平浪静了。

"祖"有起始之意，"龙"代表着皇帝，象征着皇权，"祖龙"两字联系起来就是"始皇"的意思。那么，那句话的意思就显而易见了：秦始皇

第二年必死。而陌生人所说将玉璧送给水神滈池君，那不就意味着秦朝的统治将会土崩瓦解吗？

当然，这些都是坊间传言，虽不可尽信，却可以反映出当时百姓愤恨秦始皇的心境。

秦始皇焚书坑儒，破坏文化传播，残杀知识分子；大兴土木，建阿房宫，修秦始皇陵；横征暴敛，屡兴徭役等活动弄得民怨沸腾。水能载舟，亦能覆舟。秦始皇的暴政，最终导致民间起义频繁，秦王朝的统治逐渐开始走向灭亡。

二世而终的王朝

公元前210年，秦始皇开始第五次，也是最后一次巡游。他带着左丞相李斯以及宠爱的小儿子胡亥、近侍中车府令赵高等人一起前往。谁能料到，一心向往长生不老、一统万代的秦始皇竟然会在这次巡行过程中溘然长逝。谁又能想到，被秦始皇视为股肱的李斯、亲信赵高、爱子胡亥竟会假传圣旨，忤逆篡位，从而使先秦历代君王披肝沥胆打下的基业毁于一旦。

车驾行驶到平原津（今山东省平原县南）的时候，秦始皇得了重病。但是，秦始皇一直盼望长生不老，非常忌讳别人在他面前说死字，所以谁也不敢对他提料理后事的建议。

然而病魔无情，生死有命，不可强求。长途跋涉再加上车马颠簸让他自感身体已经日渐衰弱，时日无多，开始担心起后事。这时，他想起德才兼备的长子扶苏。由于焚书坑儒时扶苏执意劝谏，使他恼羞成怒，一气之下将扶苏贬到上郡，监察蒙恬将军建长城。

此时的秦始皇十分想念宅心仁厚、孝顺笃敬的大儿子扶苏。他絮絮叨叨地给身旁的人讲扶苏小时候的故事，一遍又一遍地在梦中不停念叨着扶苏的名字，他盼望着扶苏能够立即赶到他的身边来。

秦始皇认为宽心敦厚的扶苏是最适合代替自己承袭帝位的人选，于是，他写了一份诏书，诏书中明确写到将帝位传给扶苏，并交代扶苏"以兵属蒙恬，与丧会咸阳而葬"。写完后，他将诏书交给自己一向信任的宦官赵高，让其派遣使者快速交给扶苏。

但这封信还没有到达扶苏手中，秦始皇便于这一年7月的沙丘（今河北省平乡县）结束了他那50年的辉煌生涯，驾鹤归西了。可怜千古一帝，一生纵横天下，幻想着长生不死，最终还是无法忤逆自然的生死轮回。他那长生不死的美梦也终成泡影。

随同秦始皇巡游的李斯等人，恐秦始皇的死讯会引起天下大乱，便将死讯封锁了起来。

秦始皇巡游时乘坐的是灵辒辌车。辒辌车构造巧妙，关下窗户时车内暖和，打开窗户时车内凉爽，比较适合隐蔽。所以李斯下令将秦始皇的尸棺偷偷放进辒辌车，并安排几个亲信宦官同乘辒辌车。然后整个皇帝卫队依然有条不紊地朝着国都咸阳进发。

一路上为了掩人耳目，李斯和赵高等人命令藏在辒辌车里的宦官学着秦始皇的声音传达命令。由于当时正值酷暑天热，为了掩盖秦始皇尸体所散发出来的臭味，狡猾的赵高让人用车装载一石鲍鱼紧随着辒辌车后，从而转移了人们的注意力。

向咸阳行进的过程中，野心勃勃的赵高计划篡改圣旨，扶持懦弱无能的胡亥即皇帝位，便于自己幕后操控。为了让自己的篡权计划天衣无缝，他准备将位高权重的李斯拉下水与自己同流合污。

赵高对李斯说："君听臣之计，即长有封侯，事事称孤，必有乔松之寿，孔、墨之智。今释此而不从，祸及子孙，足以为寒心。"李斯听着觉得有理，赵高又一再游说，最终，李斯与赵高沆瀣一气，伪造了一份始皇的遗书，威逼公子扶苏和将军蒙恬自杀。从此，大秦帝国便掌握在宦官赵高一人之手。

赵高扶持胡亥登基以后，本就问题不断的大秦帝国的国势急转直下，社会矛盾日益尖锐。再加上赵高幕后专权，穷凶极恶；胡亥无能，骄奢淫逸。与秦始皇残酷苛重的统治相比，胡亥、赵高是有过之而无不及。秦国的人民由希望变成失望，由失望又转成愤怒，一场更加猛烈的暴风雨就要席卷这个风雨飘摇的帝国了。

公元前209年7月，陈胜、吴广揭竿而起，天下云集响应，一时间秦王朝被百姓的滔天怒浪所吞没，迅速走向崩溃与灭亡。

在秦末农民大起义的冲击下，只存在了15年的秦朝灭亡了，秦始皇梦想的万世帝业没能延续下去。

曾经睥睨天下的秦国为何会如此迅速地走向灭亡？正如汉代的贾谊在《过秦论》中分析的那样："一夫作难而七庙隳，身死人手，为天下笑者，何也？仁义不施而攻守之势异也。"

第三章 世界第八大奇迹

秦始皇陵兵马俑坑位于陕西省临潼市秦始皇陵东侧1.5千米处，是秦始皇陵园东侧的一组大型陪葬坑。俑坑规模宏伟，面积达2万多平方米。兵马俑坑里埋藏文物丰富，3座兵马俑坑共计有战车百余辆，陶马600余件，各类秦俑近8000件以及大量的实用兵器。令人惊叹的是这些数量众多、体积庞大的秦俑、陶马是按当时的军阵来编组的。

远远看去，只见秦始皇陵兵马俑坑里的武士俑一个个凝目聆听、镇静机智、仪态英武。从他们那凝重刚毅的神情中流露出一种一往无前的英雄气概，生动形象地再现了秦军气吞山河之势。

兵马俑这一伟大奇观的发现，引起世人的瞩目，被誉为"世界第八大奇迹""人类古代精神文明的瑰宝"。

史书中的秦始皇陵

中国古时的王公贵族一向重视陵墓的建造。春秋战国时期和战国早期，秦人的陵墓多以"陵园制度"设计和建造，即是以一位国君墓为中心

的独立陵园。这种设计建造风格，一直影响了中国古代的陵墓制度，为以后"陵园"的形成奠定了基础。

秦人偏好"大"，陵墓最可体现这一特点。以秦始皇的祖父、父亲为例，其陵墓位于现在的临潼县韩峪乡，整个陵区横贯于东西的骊山西麓缓坡上，占地达24平方千米。比起先公、先王的陵园，秦始皇的陵墓又有进一步的发展，规模也更大，建筑也更加雄伟壮观。

《水经·渭水注》上有记载："鱼池水出骊山东，本导源东流。后始皇葬山北，水过而曲行，东注北转。始皇造陵，取土，其地汙深，水积成池，谓之鱼池。"从这段记载中可以得知，秦始皇陵的封土是从骊山东北2500米处的鱼池运来的，后因这一带形成低洼地，农民开始在此养鱼、种莲菜。虽然秦始皇的辉煌时代早已过去，已经很少有人再去遥想这位"千古一帝"，但即使是现在，骊山下仍有一座小山高出地面70多米，外呈覆斗形，任历史风云变幻，巍然屹立。这便是秦始皇陵所在地。

封土之下就是秦始皇陵墓室。《史记·秦始皇本纪》中曾描述说："始皇初即位，穿治骊山，及并天下，天下徒送诣七十余万人；穿三泉，下铜而致椁，宫观百官奇器珍怪徙臧满之，令匠作机弩矢，有所穿近者辄射之。以水银为百川江河大海，机相灌输，上具天文，下具地理。以人鱼膏为烛，度不灭者久之。"

从《史记》的记载来看，秦始皇陵墓室的设计非常巧妙，同时又极为恢宏富丽，并不比地上宫殿逊色，因此人们常将秦始皇陵称为地宫。同时，为了防止盗墓者等外来人进入陵墓，秦始皇陵中还设置了许多机关陷阱，如弩箭和水银。

根据现代科学探测提供的资料分析，秦始皇陵地宫主体部分应是一座口大底小的竖穴方坑，四周围有宫城墙。宫城墙呈长方形，南北长460米，东西宽390米，墙宽和厚均为4米。北宫墙有两处缺口，一处位于宫城西北隅东75米处，宽8米；另一处位于第一缺口东95米处，宽18米。前者是由地面通往地宫的斜坡道，后者与封土北侧的陪葬坑相通。宫墙四面有门，就目前勘探结果来看，东边有斜坡墓道5个，北边与西边各1个，南边尚未确定。

宫城墙除了起到防止外人进入墓内的作用外，也是为了防止墓穴受雨水冲刷而坍塌，所以其构建方式非常讲究，并不是普通的土

石堆砌，而是以细绳纹砖坯砌而筑，极为坚固。

因至今仍未勘探完全，秦始皇陵中仍有许多不能确定的问题。例如，秦始皇陵附近的水文资料是16米以下便会有地下水，但是考古学者钻探地宫至26米时，仍是夯土层。关于这点，继续钻探是起不到作用了，只能从史典记载中寻找答案。

据《文献通考·王礼考》记载："始皇初即位，使丞相李斯将天下刑人徒吏七十二万人作陵，凿以章程。及秦始皇并天下，锢水泉绝之，塞以文石，致以丹漆，深及不可入。奏之曰：承相斯昧死言，臣所将吏徒七十二万人治骊山者，已深已极，凿之不入，烧之不燃，其旁行三百乃至。"从这可以看出，李斯所说的就是秦人当时防止地下水涌出而想出的建筑方法，这样做使陵墓排水堵水都不成问题。

秦始皇陵有两重城垣。内外城垣呈南北向的长方形，内城周长3870米，外城周长6210米。两城并非完全套合，内城位置稍偏南偏东一些。除南边的内外城垣仍有局部残段存留地表外，其余仅在地下存有墙基。

内城的中部由东向西有条长330米、宽约8米的隔墙把内城分为南北两区。北区有一条南北向的宽约8米的隔墙，把北区分成了东西两部分，在东北角形成了一个长695米、宽330米的小城。墓冢位于内城垣的南部。

内城垣东、南、西面各有一门，北面有两门，中部东西向的隔墙上有一门。外城不同于内城。外城垣的四面各有一门，其中南北两门两两相对，在南北轴线上。

外城垣上留有大量遗物。门址上堆积着大量瓦砾和红烧土、灰烬，可以看出这里原来应有门阙以及角楼建筑。外城的西门台基仍旧存在，上面也留有厚厚的瓦砾和红烧土等遗物。

内外城垣有如此多的门，这些门是否也需要上锁，锁是否配有钥匙？这一系列问题可以通过1972年的一个发现找到答案。1972

年冬天，在离陵园外城北门不远的毛家村南的一块青石板下发现了一柄铜钥匙。此枚铜钥匙造型奇特，重约250克，上篆刻有"北门钥"三字，应是陵园一扇门上的钥匙。由此也可说明，陵园的各门需要上锁，并配有可以开启的钥匙。

秦始皇陵垣墙在地面虽然已经看不到原有模样，但是根据探测以及史典记载，仍可想到当时恢宏雄伟的壮观景象。

除了上面介绍的各部分，秦始皇陵中的建筑还有寝殿建筑、便殿建筑、饲官建筑。

寝殿建筑位于秦始皇陵封土北侧的西部，南距封土53米。基址的平面近似方形，南北长62米，东西宽57米，面积为3524平方米。

便殿建筑位于寝殿的北边，建筑墓址密集，在南北长670米，东西宽250米的范围内，一排排成组的建筑由南向北密集排列，组与组之间以河卵石铺的路面相连接，个别路面用青石板铺成。此建

筑中出土的一件夔纹大瓦，雕刻工艺极为精美，刀法简练，纹饰遒劲，是先描出纹饰轮廓，再用平刀加以斜平浅浅的阴刻，阴阳分明，立体感强，是中国古代陶雕的杰作。

饮官建筑的用处是供奉寝殿饮食的地方，即园吏寺舍建筑。饮官建筑位于内外城西垣之间，南自内外城垣西门之间的通路北侧起，北到内城垣的北墙附近，范围颇大。在南北长约1000米、东西约宽180米的范围内，共有5处建筑遗址。在此建筑群出土了大量的鸭蛋壶、大陶缸、陶盆、陶罐等厨房用具。

除了以上几个宫殿建筑外，还有秦始皇的地下军队，也就是最著名的秦俑坑。

秦始皇陵不论是地上还是地下，都依据活人居住的宫殿的规模修建。虽然这座庞大的宫殿经过2000多年的历史洗涤，已失去了最初的富丽堂皇，但根据考古队员的探测、研究以及出土的文物推断，我们依然可以恍若看到秦始皇当年耗尽万人万金所打造的庞大陵园，领略其无法比拟的恢宏气势。

步兵兵阵的还原

秦始皇陵兵马俑一号坑是一块长方形的坑道。整个俑坑的勘探和试掘工作于1975年结束。后来国家要求在俑坑的基础上建造一个遗址保护大厅，作为参观学习的文化殿堂。

遗址保护大厅的基建工程在1976年5月开始动工，直到1978

年4月底，大厅的主体工程基本竣工。大厅总建筑面积为15 911平方米，顶部采用落地式钢拱架结构，外观呈圆拱形；俑坑的四周设计有走廊，以供游客参观。

整个遗址大厅集文物保护、考古发掘和文物展示功能于一体。它的总体设计指导方针是边发掘边开放，所以这里给人的感觉不仅仅是秦始皇陵兵马俑的发掘施工现场，还是面向国内外专家学者以及游客参观学习的文化殿堂。

遗址保护大厅的主体工程竣工以后，考古工作队决定从1978年5月8日开始对秦始皇陵兵马俑一号坑正式进行发掘。此时的兵马俑一号坑被划分为27个发掘方块。这27个发掘方块全是20米×20米正方形俑坑。

从立体结构方面看，一号俑坑是一座地下坑道式土木结构建筑。它的构建方法是这样进行的。

第一个步骤：按照秦国工程建造设计匠师的设计，先挖一个长方形的土坑，在土坑的内侧设置一个厚约2米、高约3.2米的夯土墙作为俑坑四周的边壁。

第二个步骤：在坑的底部回填熟土（熟土为考古界专用名词，意思为翻动过的土）并逐层夯筑使回填土更加细密紧凑。地基的夯土层厚约70厘米，土质坚硬密实。在这个过程中尤其要注意，千万不能忘记逐层夯筑这一步骤，以免造成地基不结实，影响下个步骤的进行。

第三个步骤：在俑坑内筑成10道东西走向的夯土隔层，然后再在夯土隔层上掏出过洞。其中每道隔墙厚约2米，高约2.3米。

一号俑坑是一座地下土木结构的宏伟建筑。在未被焚毁、坍塌以前，它的实质形状是一座坐西面东、建筑面积达1.4万多平方米的长方形地下建筑。坑的四周环有长廊，中部是用夯土墙隔成9条长180米、宽3.2米东西走向的过洞，底部是用青砖铺成的。俑坑的顶部用粗壮的棚木一根挨着一根密集搭建起来。棚木上铺一层席子，席子上再覆盖黄土以形成坑顶。坑顶高出地表约2—3米，外观看上去就像一座夯筑的长方形土台。土台上部再未发现木结构的建筑。

从坑底的砖铺地面至坑顶高度为3.2米。坑的四周各有5个斜坡形门廊，门廊的下口与坑体交接处设有封门木。待秦俑、套马放进坑后，立即用一排立木对门廊口进行封堵，再往门廊内填土，直至黄土充满门廊，然后接着夯实。秦人就是用这种方式将俑坑完全封闭于地下，使其成为一座雄伟壮观的地下军事营垒。

最终通过钻探、试掘和两次正式发掘以后，考古工作者对一号

俑坑的形状、建筑结构以及秦俑、套马排列的规律等许多问题已经基本弄清楚了。粗略估计，一号坑内约有战车50乘、秦俑陶马约6000件，并且是以步兵为主、战车与步兵相间排列的大型军阵。

一号俑坑内部的平面布局是根据军阵阵型的实际需要而设计的。专家预测这支部队可能是卫护秦始皇安全的部队，因为它的军阵阵列是这样分列部署的：

在俑坑的东段长廊内部署的是军阵的前锋部队；西段，即军阵的后端部署的是后卫部队；两侧长廊内部署的是军阵两侧的尾翼部队，而在中间9个过洞内部署的是步兵与战车相间排列的大型军阵的主体。

由此可以得出，以上几个兵阵有机地组合成了一个长方形的大型军阵。

因为一号坑经大火焚烧后造成了坍塌陷落，所以坑内的文物均遭受到了不同程度的破坏。不过，由于没有遭受地震或者盗墓等其他严重的自然或人为灾害的破坏，所以坑内文物的位置没有发生变动，并且还可以进行修复。

其中，木质战车出土时，留有地下埋藏时间太久而特有的腐木味道，其大小和结构形制与真战车完全相同：车前有4匹陶马，陶马的大小形状与真马毫无差异；每个战车上都有3个武士俑，其中一个是御手俑，职责是驾驶战车，一个是军吏俑（低级军官），另一个是武士俑。这些秦俑、陶马形象逼真，姿态生动，可谓是文物珍品中的珍品。

一号俑坑出土的8乘车中有5乘车各有一个高级军吏俑（俗称将军俑），其余的3乘战车上各有中级军吏1名，高级军吏俑的车上配有鼓和铜钟。鼓为扁圆形，高12厘米，鼓面直径为53厘米，鼓壁上等距离地镶嵌有3个铜环以便悬挂。古代通讯不比现代，战场上只能通过钟、鼓这些原始的工具来传递不同的信号，所以我们

经常会在古文中发现"鸣金收兵""击鼓前进"等文学字眼。其中"鸣金收兵"中的"金"就是指铜钟等敲击乐器。

通过上面的初步介绍，我们可以判定上述配备有铜钟、战鼓的战车应当为秦国军队的指挥部——指挥车。这几辆战车上的3名司乘人员的职责各不相同：御手（司机）位于马车的中间，他的职务是专职司机，负责为其他战友掌控好战车；高级军吏居于战车左侧，是专职通讯，负责掌控通讯工具金（铜钟）、战鼓；另一个武士位于车之右侧，他的职务是专职保镖，手握戈矛等兵器，专职负责以上两位人员的安全。这就是兵马俑一号坑中的战车的基本情况。

接下来说武士俑。一号坑已出土的武士俑基本上都是步兵阵列——步兵俑。这些步兵的身高都在180厘米左右，最低的也有172厘米，而最高的甚至高达2米，真可称得上高大英武，器宇轩昂。看来当时秦国挑选士兵的要求还是非常严格的。

这些步兵俑有的身穿铠甲，腿上打着绑腿（古代叫作絮衣），这些武士俑相当于现代的重装步兵。因为他们"披坚执锐"，经常要冲锋陷阵，所以穿着铠甲可以起到一定的防护作用。而一些步兵俑不穿铠甲，他们上身穿长度及膝的长衣，腰部扎着类似现代武装带的一种带子，脚上穿着方口齐头履，头部挽着圆丘形的发髻。这些武士的装束简单轻捷，据推断可能是轻装步兵。因出土于一号坑的最前端，他们应属于军阵的前锋部队。

先锋部队的装备也很精良，他们的武器配备主要是以远程进攻武器为主，如弓箭、劲弩等兵器，这样就有利于为后边的重装步兵扫清障碍，便于配备近程攻击型武器的重装步兵的冲击刺杀。重装步兵俑位于俑坑的后边，他们手持戈、矛、戟等兵器以配合前边先锋部队的进攻。

考古人员对挖掘出来的秦俑、陶马没有再做进一步的修复，而是按照出土的原状进行展示，这一做法真实地还原了兵马俑的出土情况，从而使游客可以更深层次、近距离地体会到兵马俑在历经2000多年的历史积淀后的景致。这一做法受到国内外广大游客的认可。

人们在遗址保护大厅领略到兵马俑坑历经沧海桑田的巨变：原来辉煌精致的地下土木建筑，如今变成了被焚毁后倒塌的废墟；原来披坚执锐、排列整齐的虎贲勇士，如今却变成了残肢断臂、东倒西歪的残兵败将；原来日行千里、训练有素的宝马良驹，如今却默

默地卧倒在泥土中……

那些原本昂扬激越、训练有素的兵马阵列，如今却倒伏在三秦大地的泥土地下，它们有的相互偎依在一起，有的倒卧埋藏在历史的灰尘中，就好像经历过一场大战后的小憩。考古发掘现场所展现出来的这种多彩多姿、变化万千的场景，就像一幅巨大的历史画卷，蕴含着丰富的文化信息，引起了人们无限的遐想与深思。

多兵种兵阵的二号坑

秦始皇陵兵马俑二号俑坑于1976—1977年经过勘探和试掘，大体摸清俑坑情况后，也采取了和一号兵马俑坑同样的处理方法，用土回填之后在其上建立遗址保护大厅。1988年，秦始皇陵兵马俑二号俑坑遗址保护大厅建设工程开工，到1993年年底正式竣工。

秦始皇陵兵马俑二号俑坑保护大厅是根据二号坑的形状建造的，所以它的形状略呈曲尺形，建筑面积达17 016平方米（包括二层的室内参观走廊），占地面积12 000平方米。

遗址保护大厅的外观像一个倒扣的斗（古代的一种方口量具，上大下小）。大厅的一层和二层设计有便于游客参观的走廊，游客既可以近距离观赏秦俑、陶马的出土情况，又可以从二层的参观走廊俯瞰俑坑的全貌。

秦始皇陵兵马俑二号俑坑的发掘可以分为3个阶段：

第一阶段，做发掘工作前的先期准备工作。考古工作人员首先将覆盖在兵马俑上的土层清理出来，这样原来搭盖在俑坑顶部的棚木遗迹就全部暴露出来了。这样就显现出俑坑顶部木结构的建筑格调，有利于考古工作的展开。

第二阶段，清理棚木层下的文物遗迹。在这个阶段里，考古人员对棚木层下被覆盖的文物上的土层进行仔细的清理，使其暴露得更加彻底、更加清楚。

第三阶段，对所有的兵马俑坑道进行合理的划分。考古队的工作人员将二号坑划分为24个发掘单元，每个发掘单元都是20米×20米规格的正方形坑道，并且又将每个坑道以十字形结构的隔梁将其间隔分为10米×10米的4个正方形小区域。这样做的好处就是可以有节奏地控制地下遗迹、遗物的出土情况。

经过10年艰苦细致的考古发掘，秦始皇陵兵马俑二号俑坑中间那一道道坚固的夯土隔墙、坑四周的边墙、门廊、土封门，以及坑顶搭盖的面积接近5000平方米的棚木全部被清理出来，俑坑的形制、内部结构的出土原状以清晰的面貌展示在世人面前。

秦始皇陵兵马俑二号俑坑的形制比较复杂，它的平面呈现为曲尺形，东面有4个门廊，西边有5个门廊，南边没有门廊，北边有2个门廊。这些门廊的形状都呈现为斜坡形。全坑东西方向长124米（包括门廊），南北方向宽98米（包括门廊），距离现在的地表深约5米。现在就让我们逐步从它4个发掘单元出发，来了解一下二号俑坑的实际情况吧。

第一发掘单元位于俑坑的北部东段，即曲尺形的顶端。它东西方向长 26.6 米（不包括门廊），南北方向长 38 米，实际面积为 1010.8 平方米。

　　这个发掘单元的四周都有长廊环绕，中部有 4 条东西方向的过洞，过洞之间以夯土墙相互隔离。四周长廊内是立射步兵俑，中间的 4 个过洞内是跪射步兵俑，这些武士俑都是面朝东方。

　　第二发掘单元位于俑坑的南部，东西方向长 52 米，南北方向长 49 米，实际面积为 2548 平方米。这个发掘单元是这 4 个发掘单元中面积最大的，其东西两侧各有一条南北向的长廊。遗憾的是这个发掘单元里面既没有秦俑，也没有陶马。它的两侧长廊之间有 8 条东西方向的过洞，每个过洞内有前后依次排列的木质战车 8 辆，共出土战车 64 辆。

　　第三发掘单元位于俑坑的中部，其东端与第一单元西边的长廊相邻，两者之间一行土墙相隔，墙上开有小门，相邻的两个长廊可以互通来往；其南侧与第二单元相邻，两者之间以夯土墙相隔。在隔墙的东段开有一扇小门，是用来与第二单元的长廊相互连通的。

　　第三发掘单元东西方向长 68 米（不含门廊），南北方向宽 16 米，实际面积达 1088 平方米。在这个发掘单元内共有 3 条东西方向的过洞，过洞内出土了 19 辆战车。每辆战车后都跟随着若干步兵俑，在这个发掘单元的后端则是以骑兵作为殿军部队（殿军部队就是指行军时走在最后面为其他部队进行殿后的保护部队）。

　　第四发掘单元位于俑坑的北部西端，其东端与第一单元相邻，两者之间利用夯土墙相互隔离，为了便于沟通，又特别在墙上开辟出门。

　　这一部分东西长 50 米，南北宽 20 米，实际建筑面积为 1000 平方米，其中有 3 条以夯土墙相隔而成的过洞，过洞内出土了 108 骑骑兵俑。

以上4个发掘单元虽然各自相对独立，但又密切相连，彼此之间都专门开辟有门以便相互连通。这种布局从建筑学的角度考察是建筑组群，它是由4个形制和大小各不相同的建筑单元组合在一起，形成了一座宏伟的曲尺形的地下建筑。

　　这4个发掘单元内的兵种和秦俑、陶马各不相同，说明各作战单元功能各不相同，其平面是完全根据军阵的实际需要部署的。通过以上的信息可知，二号俑坑属于多兵种构成的军阵。

　　二号军阵即二号俑坑的兵马俑所排列的阵列。这个俑坑是面东向西，它是一座以步、弩、车、骑4个兵种混合编制的大型兵阵。由于二号俑坑的平面形状像一把曲尺，所以考古学家将其命名为"曲形阵"。这个军阵是"大阵包小阵，小阵连大阵"，环环相扣，排兵布阵有规律可循，由伏弩阵、骑兵阵、指挥阵、战车阵这4个小阵组成。

　　二号俑坑的立阵结构和构筑方法与一号俑坑基本相同，其工程量十分巨大。据粗略统计，其土方量约为6.7万立方米，所用木料约为2700立方米，铺地所使用的砖块约为9万块。如此庞大的工程，其所花费的劳力、物力可想而知是多么巨大。

　　二号坑中的棚木主要是因为自然腐朽、坍塌，所以保存情况比较良好。一根挨着一根地密集排列在一起，就像一幅蕴含着历史沧桑的宏伟画卷。二号俑坑历经千百年的历史积淀而能

保存下来，愈发显得弥足珍贵，这为研究俑坑的建筑结构提供了充实的实物资料。

二号坑已出土秦俑、陶马约400件，并发掘出了车兵、骑兵和跪射俑、立射俑等多种不同姿态的秦俑群。尤其难能可贵的是在二号坑中还首次出土了一批颜色保存基本完整的彩色俑，从而让世人得以了解千年以前兵马俑那绚丽多彩的原始面貌。

俑坑里的秦俑、套马原本全部是彩绘。一号俑坑由于经过焚烧、坍塌等自然或者人为因素的破坏，所以俑坑内的秦俑、陶马身上的彩绘颜色基本上全部脱落，仅保留了一些少量的残迹；而二号俑坑因为只有局部烧毁，所以俑身上的颜色保存得比较完整。颜色的种类比较齐全，共有红、绿、蓝、紫、黄、黑、白7种颜色，而且多数颜色为天然的矿物质。

经过科学研究，考古人员发现其染色的方法是：首先在秦俑、陶马的表面涂一层生漆打底，然后再用天然矿物质颜料进行彩绘。其中有的秦俑身穿紫色的上衣，下穿天蓝色的长裤，外披赭黑色的铠甲；有的身穿粉褐色的上衣，下穿绿色的长裤，外披赭黑色的铠甲，甲上还缀着白色的甲丁、朱红色的联甲带。这些秦俑所穿战服颜色多姿多彩，他们各随所好，不拘一格，而且色调明快、艳丽，没有一丝呆滞、沉闷之感。可见在当时的时代背景下，他们的军服都不是统一的，而是自己准备的。

其实早在距今3000多年前的《诗经》中，就有关于对秦国人军服的详细描写：

诗经·国风·秦风

岂曰无衣？与子同袍。王于兴师，修我戈矛。与子同仇。

岂曰无衣？与子同泽。王于兴师，修我矛戟。与子偕作。

岂曰无衣？与子同裳。王于兴师，修我甲兵。与子偕行。

这些只是平常的问答形式，可是当把它们写在纸上的时候，便成了一份言辞慷慨、情绪激昂的请战书，因此被秦人记录了下来，改写成为一首鼓舞斗志的民歌。这份"请战书"表现的渴望战斗的热情，正好与当时秦人尚武的精神一致，用现在的话说就是有着广泛的社会意义，这正是它得以流传的原因之一。诗的语言质朴无华，但情绪是发自内心的，所以有震撼人心的力度。反过来说，秦国人民所表现出的英勇无畏的尚武精神，也成就了这首充满爱国主义激情的慷慨战歌。

产生《诗经·国风·秦风》的秦地，即现在的陕西中部、甘肃东部，秦人在商周时代与戎狄杂处，以养马闻名，以尚武著称。当时的秦人实行的兵役制度有点儿像现在的民兵制，即成年平民男子平时耕种放牧，战争时一经征召上了战场就是战士。所以他们的武器与军装都是自己准备的。所以像诗歌所描写的那样，成年的秦国男子，是自己有战袍、戈矛的，只要发生战事，就可以穿戴披挂上战场了。

理解了这首诗词以后，就不难理解为什么那些兵马俑的服装样式、颜色各不相同了。

然而由于埋藏在地下有2000多年，彩绘涂层中的一些成分已经老化、流失，失去了与俑体表面的黏附力。这给考古发掘和保护工作带来了极大的困难。工作人员需要用竹签或手术刀等小型工具轻轻地把覆盖的土层一点一点地剥离，再用镊子夹小棉球清洗掉附着在颜色层上的土。当清理出一小片颜色后，工作人员还需要立即用针管注射一种特制的加固剂以防止颜色的脱落。

彩绘秦俑、陶马的发掘和保护工作是一项非常精细的科学工程，容不得半点粗心大意，不然就会造成无法弥补的损失。考古工作不同于挖墓寻宝，只是想着寻找宝贝和有价值的信息。考古工作是为了研究历史，恢复历史的原貌，在发掘过程中注重的是搜集各种古代文化信息，而不仅仅是历史文物，所以它就要求工作人员要细心淡定，千万要沉住气，忍受住外界事物的干扰和诱惑，踏踏实实地将文物信息收集整理起来，以方便后期工作的开展。

指挥部的发现

在完成对秦始皇陵兵马俑三号俑坑的勘探和试掘后，考古队于1988年9月按照以往惯例完成了三号俑坑遗址保护大厅的建设工作，并于1988年12月1日开始对三号坑进行正式发掘，直至次年9月发掘工作才得以结束。

三号兵马俑坑位于一号坑的西端北侧，两俑坑相距仅有25米。三号俑坑的建筑形制非常特殊，它不像其他俑坑一样呈平面分布，而是按照"凹"字形分布，其中东西方向长28.8米，南北方向宽24.75米，实际面积约520平方米，距离现在的地表5.2—5.4米。

通过对三号俑坑的详细探测和试掘，考古队工作人员大体上掌握了三号俑坑的建筑结构以及秦俑、陶马的排列情况。三号俑坑的平面格局分为南、中、北3区，3区连接成一体，都是坐西向东的朝向。

南区的平面是"土"字形，它是由走廊、甬道、前堂、后室4部分组成。其中走廊是呈南北走向的长方形，长7.65米，宽3.2米，走廊内有担任警卫的卫兵秦俑共计8件。长廊的西侧中部与甬道相连。

甬道东西长4米，南北宽3.7米，内共有卫兵秦俑6件，也是分别作南北面相向夹道式排列。甬道的西口和前堂相接；前堂是呈南北走向的长方形，长5.8米，宽3.2米，内有卫兵秦俑共24件；前厅的西侧中部和后室相连，后室是呈东西走向的长方形，长3.7米，宽1.6米，内有卫兵秦俑4件。

这些卫兵秦俑均面对面分站在坑道的两侧呈环形排列，给人一种森严的神圣感。时至今日，游客到此仍然能感受到秦始皇2000多年前"威震四海"的威武霸气。走廊、甬道是供出入的通道，前堂的面积较宽广，应该是议事和会见宾客的处所。后室的面积较小，应是统军将领休息之处。

北区的平面呈"T"字形，由前廊以及后厅两部分组成。前廊是呈南北走向的长方形，长6.3米，宽2.4米，里面没有放置秦俑。后厅是呈东西走向的长方形，长8米，宽4米，内有卫士俑22件，分别安置于左右两侧，每侧11件，面对面南北相向排列。

北区内出土了一些鹿角、兽骨等动物骨头遗迹，经过考证发现这些是古代用于祭祀占卜的东西。古代作战之前都要进行祭祀、祷告。这被称之为"祷战"的占卜出征者以占卜的方式祈求神灵保佑，让作战的军人克敌制胜，奏凯而归。

中区位于三号坑的中部，东边和门道西口相接，交接处以一排

立木封堵，左右两侧和南、北两区相连。平面近似正方形，东西方向长 5.8 米，南北方向宽 3.9 米。中区出土有一辆木质战车，由 4 匹陶马牵引。战车通体使用彩绘，上部罩有伞状的圆形华盖，由此可以说明它不是一般的战车，而是装饰华丽、级别较高的指挥车。

战车后面有 4 件武士俑，一件是作为驾车驭马的御手俑，一件是负责指挥的军吏俑，另外两件是负责护卫的武士俑。古代战车的乘员一般为 3 人，而此次发现的战车上竟然有 4 人，这真是考古史上的一大发现。根据古文献记载，在特殊的情况下为了加强护卫工作，战车上可以乘坐 4 人，古人称之为"驷乘车"。

值得提醒的是，在北区的走廊与后厅东口的交接处、中区与南区的交接处、南区的前堂与后室的交接处各有门楣木（门框上或者墙头上悬挂的一根木头）一根。有的门楣木上仍存有等距离的 3 个铜环，那是用来悬挂门帘的，这样就可以将两个不同的区域分隔成相对独立的空间。

从以上种种迹象来看，三号俑坑的结构复杂，警卫森严，应当是统帅军队的指挥部，古人称之为"军幕"。由于古代战乱频繁，所以领兵打仗的将军经常外出作战，居无定所，所以为了方便只能临时搭盖帐篷作为住所兼指挥办公的地方，这就是"军幕"，或称之为"帷幄"。

古代临时作战指挥部"帷幄"在战争中的作用是很重要的。古代文献中对于有关"军幕"的介绍文字都很简略，对"军幕"的形状、内部结构和卫兵的部署等诸多情况都模糊不清，可以说是一片空白。而三号坑的发现填补了这一空白，为我们提供了关于古代"军幕"具体形象的实物例证，这对于研究古代的军事史具有重要的学术价值，是考古史上的一个重大发现。

步兵俑

步兵，指的是徒步的士兵，他们是部队的主力和灵魂。步兵在春秋时期称为徒、步兵或徒卒。秦始皇陵一、二、三号俑坑都发现了独立编制的步兵俑，目前一号俑坑已出土步兵俑1700多件，二号俑坑内出土步兵俑160多件，三号俑坑内出土步兵俑64件，共计1900多件。

根据出土武士俑的情况来看，一、二号俑坑内的步兵俑作军阵式排列，属于正规的作战部队；三号俑坑内的步兵俑做夹道站立排列，是指挥部内担任警戒工作的部队。

与古文献记载相对照，可发现秦始皇陵兵马俑坑内的武士俑按其职位可以分为军吏俑和普通步兵俑这两大类。而军吏俑中又分为高、中、低3类；一般步兵俑也可以分为重装步兵俑和轻装步兵俑两大类。

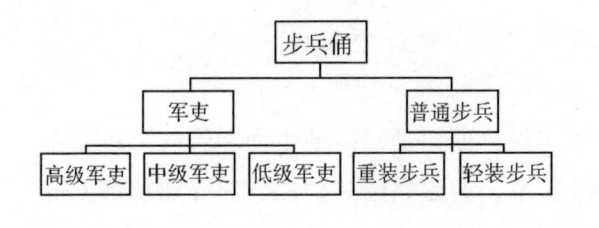

```
                    步兵俑
            ┌─────────┴─────────┐
           军吏              普通步兵
       ┌────┼────┐         ┌────┴────┐
    高级军吏 中级军吏 低级军吏  重装步兵 轻装步兵
```

军吏俑中的高、中、低军官的区别之处在于他们身上所穿的铠甲以及他们的帽子上的装饰品。

  高级军吏俑，也就是俗称的将军俑，出土于二号俑坑东北角弩兵方阵的左后方。他身穿双重长袍，外披彩色鱼鳞甲，双肩以及前后胸甲上缀有彩色花头，头戴鹖（一种善斗的鸟）冠，双手相互交叉放于胸前，仿佛手中拄剑于阵前指挥战斗。这件将军俑气势昂扬，给人以威武敬重的感觉。

  中级军吏俑，高级军吏俑的助手。他的腰际悬挂着宝剑，头戴双版长冠，身穿带彩色图案花纹的护胸甲或者与下摆一样齐整的简字甲（一种看起来像"简"字的铠甲）。

  与高级、中级军吏相比，下级军吏的装束就简单多了，他们头戴单版长冠，身穿黑色铠甲，由此可以看出古代封建社会的等级制度是多么的森严。

  轻装步兵俑一律不穿铠甲，确定他们在队伍中等级高低与尊卑的主要标志是冠饰。一般士兵俑不戴冠，头顶绾着圆丘形的发髻；下级军吏俑头戴单版长冠；中级军吏俑头戴双版长冠。到目前为止，轻装步兵俑中还没有发现高级军吏俑的踪迹，但是可以推测其着装打扮可能与重装步兵阵列中的高级军吏一样，头戴鹖冠。

  轻装步兵俑，由于不戴头盔，不穿铠甲，装束轻便，行动迅速，所以成为秦国军队中的一支反应迅速的机动部队。他们中的一部分步兵俑的护腿质地厚重，这也可算是他们唯一的腿部防护装备了。

  跪射俑位于军阵的中心，他们左腿蹲在地上，右腿膝盖着地，右脚脚尖高高竖起，臀部坐在右脚跟上，上半身微微转向左侧，以保证身体不再倾斜歪曲。跪射俑的双眼炯炯有神地望着前方，仿佛时刻准备向进犯的对手进行致命的攻击。

立射俑的姿态非常有意思，他左脚向前方跨出半步，左腿微微弯曲，双手呈"丁"字形；后腿却绷得很直；而相对应的左臂向左边身侧呈半举状，右臂弯曲略微放在胸前，头和身体稍微转向左侧，头也微微上扬，仿佛在勘察战场情况。

这两类秦俑是属于持弓弩的远程攻击部队。他们坐姿重心稳，比较省力气，而且瞄准起来比较方便，同时由于身体比较集中，所以目标小，不容易被敌人发现和射中。不过，由于跪射俑膝盖着地，所以行动不方便，在机动作战过程中也容易暴露目标，成为对方射手的射击目标。

重装步兵俑，又被称为铠甲步兵俑，他们数量众多，算是秦国可以依赖的重头部队了。根据头上装束的不同，可以将这些重装步兵俑分为3种类型：

圆髻铠甲俑。这一类型的步兵俑居多，头上绾着圆丘形的发髻，姿势有立姿和蹲跪姿两种类型。这些秦俑站立的姿势是双脚约略左右分开，昂首挺胸，双目前视，这些标准的军姿竟然与现代的军姿大致相同，这不由得让人感叹历史的相似性。

扁髻铠甲俑。这一类型的步兵俑头饰非常特别新奇，他们把头发全部编成6股宽辫，然后将其反向折叠使其紧贴于脑后方，并用发

卡固定。梳这种扁髻的目的可能与他们准备戴头盔有关。这类步兵俑都做直立姿势，左臂自然下垂，右臂向前弯曲成 90 度，并且右手半握成拳头状，好像手中还握持着武器。

介帻铠甲俑。这一类型的步兵俑头顶的右侧绾着圆形发髻，上罩尖顶的圆锥形软帽，古代称"介帻"。这种软帽多为红色，质地轻软，上部有一个尖顶，下部一直到了头发的末端，这样就可以把头发和发际全部罩在软帽内。这类步兵俑都做直立姿态，双臂下垂，手腕向前弯曲，双手半握拳，好像手里拿着兵器。

其实，从战国时期开始，重装步兵就已经是步兵中的主要作战力量了，所以轻装步兵的队列一般都很少。这次秦始皇陵兵马俑俑坑中出土的兵马俑真实地反映了这一史实。战国时期由于青铜技术的成熟，使得军队武器装备有了很大的进步，不但青铜器的制作工艺有了显著的改进，并且有了锐利的铁兵器，甚至出现了劲弩等远程攻击武器。

在强大的进攻性武器面前，没有一定防护装备的步兵必然会损失惨重。但是由于重装步兵穿着铠甲，披挂着重型武器，行动不方便，不如轻装步兵行动迅速轻灵，所以为了有效地打击敌人，轻装步兵的配备也是不可缺少的。

骑兵俑

在二号兵马俑坑的北部，有一列长方形的骑兵俑坑，共出土有鞍马 116 匹，每匹马前都有一个牵马的骑士俑。陶马的大小和真马相似，身长约 2 米，身高 1.72 米，马背上雕刻着马鞍鞯（马鞍和马鞍下面的垫子），马头上戴着络头（俗称马笼头）、衔、缰。骑士俑身高 1.8 米左右，一手牵着马缰绳，一手紧握着弓弩。

秦俑、陶马的造型非常精准，与真人、真马相差无几，而且手法独特，形象逼真，可以说是秦国时期骑兵形象的真实记录。此骑兵俑坑是中国考古史上发现数量最多、时代最早的骑兵俑群。它的发现，使人们对于研究战国时期秦国骑兵的装备、骑兵队列的编制等许多问题有了新的见解，是研究我国古代骑兵发展史的宝贵资料。

俑坑的陶马，身上枣红色，黑色的鬃毛，白色的蹄子，剪着鬃辫似的马尾非常好看。从陶马的体型上看，它的个头不大，头部较重，鼻骨突出，劲厚稍短，脊背略微下沉，胸部较广，四肢发育较好，属于力量和速度兼备的类型。早期秦人与游牧部落杂居，为了对抗牧人剽悍的骑士，秦人组建了自己的骑兵。这很可能是中国最早的骑兵部队。

二号俑坑中出土的骑兵俑，头戴圆形小帽，帽子上有带扣可以结于颔下，这样骑在马上奔驰的时候就不至于被风吹落掉在地上了。骑兵俑上身穿窄袖、长至膝盖的上衣，外披铠甲，铠甲较短，腰扎类似于现在部队

里的武装带一类的束腰带，下身穿紧口长裤，脚蹬靴子。这样特殊的穿着特点就是轻便、快速，保证了骑兵部队灵活作战的机动性。

二号俑坑左侧有战车 6 辆，骑兵的陶马共 108 匹，每匹马前有骑士俑一个，排成一个纵长方形的兵阵，这样从纵向看是 3 路纵队，从横向看是 11 列横队。这个长方形骑兵兵阵可分为前后两线：前线是 2 列战车加 1 列骑兵做阵首；后线是 8 列骑兵作为军阵的主体。这种编组方法，反映了秦始皇时代骑兵已经成为一个独立的兵种。

看完陶马、骑兵以后，再来看看鞍鞯的雕塑。只见陶马背上雕刻着两端略微凸起，中部下凹的鞍垫。马鞍上面为白色，点缀有 8 排粉红色的鞍钉。鞍鞯的两侧和前后端缀有叶形和条带形的彩带。鞍鞯上有类似于皮质的带扣环绕着马腹，把鞍鞯紧紧地固定在马背上。

通过以上信息，可以得知战国晚期至秦王朝时代已经有了低桥鞍。以往由于缺少实物例证，人们对中国的马鞍出现时代的问题争论不休，现在秦始皇兵马俑中出土的骑兵俑有力地证明了秦王朝时期已经出现了马鞍。

如果留心观看的话，就会发现所有兵马俑坑中出土的骑兵俑上都没有发现马镫的踪迹。难道说是由于考古人员在发掘过程中不小心将马镫碰掉了吗？

考古学家们对二号俑坑中的骑兵俑仔细考察、研究，认为当时的骑兵们既没有马镫，也没有踏镫，骑兵在上马时，是双手按住马背跳跃上去的。上马后的骑兵由于双脚没有支撑点，无法依靠，所以只能用小腿夹紧马腹来控制坐骑。这样连坐骑都无法控制，更谈不上腾出双手紧握武器去全力搏杀，更不能使用长柄重型武器来进行有效的杀伤了。所以，当时骑兵的攻击力和灵活性和有了马镫的骑兵相比要弱许多，战斗力也大打折扣。

所以，现在许多描述秦代或先秦的电视剧中存在着巨大的历史错误：秦朝以及先秦时代的武将都不可能脚蹬马镫，稳稳地骑在战马上挥舞着大刀长矛，游刃有余地与敌人厮杀。

骑兵俑中一个"无马镫"的小细节，就可以推测出一个时代的骑兵战斗力强弱，足见这些看起来"灰头土脸"的"老古董"蕴藏着多么丰富又珍贵的历史价值。

铜车马

1978年7月，考古队在秦始皇陵封土西侧钻探的时候，发现了一座呈"巾"字形的大型陪葬坑。此陪葬坑东西长和南北宽均为55米，距离地表约8米，面积约为3025平方米。

7月24日进行发掘的时候，一个探孔内发现了一个黄灿灿的金泡，考古人员惊喜地发现这是古代马头上的一种装饰品，但是，大

家还不确定会在这个陪葬坑内发现有价值的文物。不久，又有工作人员在另一个探孔内发现有铜锈遗迹。这时大家才初步判断地下埋藏的可能是铜车马。

于是，经国家文物局批准，考古队于1980年11月3日开始试掘工作。试掘方的面积很小，东西长13米，南北宽约5.8米，面积仅有75.4平方米。但是非常幸运的是，试掘方刚好套在一个盛有铜车马的木椁（棺外的套棺）上，这样就避免了对铜车马的损坏。

经探掘发现，盛有铜车马的木椁已经腐朽，椁内面朝西的一前一后放着两乘大型彩绘铜车马。这两乘马由前向后依次编号为一号和二号。青铜车马出土后残破损坏已非常严重。例如二号车有零部件3462个，重达1241千克，其中金银质构件约7.4千克；各种构件的接口达3780个。

看到这些惊人的数据，就不难想象考古人员在清理修复铜车马工作中所遇到的困难和挫折了。这两乘铜车马经过考古人员前后长达8年的精心修复之后，终于恢复了其"庐山真面目"，与世人见面了。这些辉煌的成就背后，凝聚着那些默默无闻的考古工作人员辛勤的汗水和努力。

这两乘马车体型较大，制作精良，车的结构与真车基本上没有差异，是目前中国考古史上所发现的车舆中级别最高、装饰最华贵、技艺最精湛的皇帝乘舆，所以被誉为"青铜之冠"。

一号铜车马为单辕双轮车，

全车通高为 1.52 米，辕长 2.46 米，轮径为 0.59 米，重量为 1061千克。车舆呈横长方形，周围有栏板，两侧有外翻的车耳，前部有轼（古代车厢前面用做扶手的横木），后边有敞口的车门。车内立一长柄大伞，伞底下有一站立的铜御官俑。

铜车马俑的头部戴着金银质的络头、金银质的缰索，以及铜璎珞；左右两边的骖马戴着金银质的项圈；右骖马的额头上立一带高杆的璎珞（古代叫作纛），这是皇帝车马的标识。马体为白色，黑鬃，黑蹄；车马通体进行彩绘处理，车舆内外都绘着精致的图案花纹；伞的内侧绘着一组组变相的夔龙、夔凤纹。铜车内配备有铜弩、铜盾、铜箭箙（盛弓箭的箭囊），箭箙内装满铜箭。

一号铜车马的铜马共有 4 匹，每一匹马都四肢粗大，比例匀称，膘肥体壮。中间两马昂着脖子，呈嘶鸣状，两侧马头微向外转。这些铜战马雕塑，静中寓动，造型风格和现实中的马匹极为相似，不可不说是一件伟大的艺术作品。

值得特别提出的是锉磨和彩绘相结合，大大增强了艺术效果。工匠按马体的不同部位的毛向锉磨，再涂彩色，造成真实的皮毛感。细部的真实和鲜明的质感是这乘铜车马造型艺术的一大成就。车马

通体彩绘，图案花纹风格朴素明快大方，以白色为基调的彩绘肃穆典雅，配以大量的金银构件，更显得华贵富丽，这套大型的人俑车马代表了秦代青铜铸造工艺的突出成就。

一号铜车马古名称叫作立车、高车，又因为车上配备有弩、盾、箭箙等兵器，所以古人又将其称为戎立车，是皇帝车马仪仗队中用来担任警卫和开道人物的车子。车前4匹马的驾具齐全，远看其张口嘶鸣做跃跃欲试状，好似只等主人一声令下，就要扬蹄快马加鞭地往前冲了。

二号铜车马全体通长3.17米，通高1.06米，总重量1241千克，也是单辕双轮式马车。车的前面由4匹铜马牵引，车舆呈纵长方形，总体分为前后两室。前室面积较小，是驾车御手所处的地方；后室较宽广，是四周封闭的轿车。后室的左右两侧及前侧各有一窗，窗上有镂空呈菱形的窗板，可以随意开合；后边有门，门上装有单页门板，启闭自如；顶部有一龟甲形的车盖，把前后两室均罩于车盖底下。

铜车马的前室内有跪坐的一名铜御官俑，车上御官铜人俑作跽坐（即跪坐姿势，双膝着地，上身挺直）姿态，两臂前举，双手执辔，每个手指的关节、指甲都雕塑得非常逼真，俑身略向前倾，双目注视前方，半抿双唇，面带微笑，神态恭谨，古代的能工巧匠将一个忠于职守的高级御官形象活脱脱地塑造出来。

车室的后面有门，左、右与正前辟有3个窗户。正前窗板为镂空的菱形花纹，窗板可以开启，便于主人与御手互通信息。两侧窗可以前后推拉，窗板亦是镂空菱形纹，从室内可以观察到车外的情况，但外面的人难以看清车内。篷用铜骨架、铜条支撑，上覆以绢帛。

4匹马的高度分别为0.91到0.93米，长度为1.1到1.15米。4匹马的重量也不相同，分别为177千克、180.7千克、183千克和212.97千克。4马神态各异。中间的两匹马昂首正视前方，两侧的马略侧视，张大鼻如喘息状。耸立于马头之上的物体是车撑，用于支撑车辕，这样在长途休息时可减轻马的压力。铜车马在制作上运用了铸造、焊接、镶嵌、粘接以及子母扣、纽环扣、锥度配合、销钉连接等各种工艺。钻孔的最小直径为1毫米，饰件多处用细如发丝的铜丝，窗板的铜片仅厚0.12—0.2厘米，车辕头的内孔滚圆，就如同车床加工的一般。

铜车马的许多零件都与现代使用的相似，如车门、前窗用的活动铰页，其形状与今日门窗上使用的活页非常相似；系马肚子、马颈的套环采用了策扣连接，策扣与今日人们用的皮腰带上的策扣完全相同。

二号铜车马的4马也是驾具齐全，马头上的装饰与一号铜车相同，车舆的下部雕绘着精美的几何图案花纹，花纹的线条凸起显示出浅浮雕刻的立体效果。在铜车马的车盖上竟然奇迹般地发现了丝织物残片的痕迹，这说明车盖上原来附有丝织物彩盖。其装饰之华丽、高雅，充分显示了车主人地位的尊贵独特。

二号铜车马的一条铜缰索的末端用红色书写着"安车第一"4个大字，由此可以知道秦人将此车称之为安车。二号铜车马有窗，开窗则凉，闭窗则温，故又称之为辒辌车。

据考证，前乘为护卫武士乘坐的车辆，后乘仅是秦始皇车队中的属车，属于后妃一类人的乘车。史书记载，秦始皇出游时这样的车乘有81驾，观此铜车马可想而知2000多年前秦始皇出游时后妃、官员陪侍的大概盛况，秦始皇本人乘坐的车马又是多么豪华气派了。

战车

秦国是战国时期著名的军事强国，秦始皇就是凭借着强大的武装力量，以摧枯拉朽、秋风扫落叶之势横扫中华大地，兼并了战国六雄，从而完成了统一大业。

汉代的贾谊在《过秦论》中生动而传神地对秦始皇强大军事力量进行了细致入微的描写：

乃使蒙恬北筑长城而守藩篱，却匈奴七百余里；胡人不敢南下而牧马，士不敢弯弓而报怨。

从以上文字中就可以看出秦国军事力量的强大和震撼。而战车作为秦国军队中一种重要的军事装备，在秦始皇统一六国过程中起到了举足轻重的作用。夏、商、周以及春秋时期的战争主要是以车战为主。到了战国和秦朝时期，由于骑兵和步兵这两个独立兵种的出现，作战方式才转变为以车、步、骑这3个兵种混合作战的复杂方式。

秦始皇陵兵马俑坑内共发掘出战车140乘，其中一号坑内有战车50余乘，二号坑内有战车89乘，三号坑内有战车1乘。由于俑坑历经长达2000多年的风吹日晒等侵蚀以及各种人为的破坏，因此在发掘过程中出土的战车轨迹非常凌乱。经过考古工作人员的诸多努力，战车的原貌终于得到复原。

俑坑内出土的战车均为木结构，其大小和结构与真实的战车完全相同。车为单辕双轮，前驾4匹陶马。车舆（车厢）长140厘米、深120厘米，四周围有高30—40厘米的栅栏，后面有门。古人用皮条编织成席子形状，铺在车舆底部的木结构的框架上，由于皮革有弹性，这样就可以减缓人坐在车内所受的颠簸之苦。车轮高134—136厘米，有30根轮辐。

古代的战车均为文乘，即人站立在车上，不用车盖和屏帏。这就是古文献上所记载的"不巾不盖"。车舆的前半部有一根两端下的横木，古人称之为"轼"，供人在车上一手扶持，其作用相当于现代汽车上的扶手，当急刹车或快速启动时保护乘坐者免于受到冲击。

　　战车前驾的4匹马中，中间的两匹马叫作"服马"，两侧的马叫作"骖马"。两"服马"的肩颈处各放一具"人"字形的马轭（马轭为驾车时扼住马颈的器具），轭的中央均捆缚于车辕的衡（即车辕前端的一根横木）上，在轭靠内侧"人"字形头上连接一根靷绳（引车前进的皮带，一端套在车上，一端套在牲口胸前）。服马是用肩胛的环形力量拉车，骖马是用胸肌的承力拉车。

　　以往由于实物资料的缺乏，人们一直以为4匹马拉车的时候，4匹马之中只有骖马拉车用靷绳，服车不用靷绳，并且认为骖马的靷绳是双靷绳。

　　通过这次秦始皇陵兵马俑中出土的战车以及秦始皇陵铜车马的实物证明，骖马和服马在拉车的时候都使用靷绳，而且都是单个的靷绳。单靷绳不如双靷绳易于控制平衡。使用双靷绳驾驭的马车到了汉代才开始盛行并且发展起来，所以在秦代是不可能见到双靷绳驾马车的。

古代战车可以分为攻击型和防御型两类。攻击型战车有戎车、轻车和佐车这3种。其中戎车是将领乘坐的指挥车；轻车是普通战士乘坐的驰骋攻击的战车；阙车是后备车辆，如果在战斗过程中有车辆出现损坏或者故障，就可以使用它作为替补车辆。

秦始皇陵兵马俑俑坑出土的战车，都可以归类为攻击性战车。

戎 车

戎车是古代将领乘坐的指挥车。秦始皇兵马俑俑坑共出土了6辆这样的戎车。那些戎车装饰华丽，有精细的彩绘花纹，有的车上装饰着非常考究的华美伞盖。指挥车上的将军主要的职责是根据战场的情形指挥战斗。由于古代的通讯设备比较落后，所以他们通过锣鼓来给整个部队传送进攻或者撤退的命令。

在古代的战场上，击鼓表示进攻，哪怕前面有火海刀山也要拼命杀敌；击锣则表示撤退，哪怕前边有堆积如山的金银财宝也要听命撤退回来。而铃声是用来传达命令的。通过这些，我们知道了御手的责任非常重大，并且御手驾驭技术的好坏直接关系到主帅的生命安危乃至全军的胜负。

戎车上的高级军吏身穿彩色鱼鳞甲、头戴鹖冠。御手俑身穿铠甲，头戴长冠，双臂向前举起紧握着缰绳以控制马车。指挥车上的武士身穿铠甲，手持戈矛等兵器，他的责任不仅仅是保护将帅的生命安全，如果遇到泥泞、沟渠险路的时候，还需要下车推车，并且随时准备在车辆出现故障的时候进行修车的工作。所谓"麻雀虽小，五脏俱全"，即使在几千年前科技不发达、没有机动车的情况下，古人也已经想到车子出现故障时的补救方法。

轻 车

轻车，即普通战士乘坐的战车。轻车上有3位武士俑，其中一位为御手俑，站在轻车的中央，负责驾驶马车；另外两位分别站在御手俑的左右两侧，职责是负责和敌人交战。古文献上记载的这两个武士的名称为车左、车右。

轻车上配备有远程武器和近程武器。远程武器是弓弩，可以有效杀伤200米以内的敌人；近程武器有戈、矛、戟等冷兵器。

轻车上的3名武士以御手为车长，古代称之为甲首。御手的工作非常重要并且复杂。他需要控制好马匹和战车，因为在战国时期的车战以队形的整齐与否为战争胜负的判定因素。所以在这种情况下，御手的作用就显而易见了。

御手在实际过程中，需要驾驭车马，使其前进、后退，或左转、右转，并且他的目标性太强，需要坚实有效的防护措施，所以御手身穿铠甲，双臂的护甲一直延长到手腕部分，并且手上有护手甲，颈部有护颈甲，古人称之为盆领，腿部也有护腿。

相对于御手的层层防护，轻车上的另外两名作战武士的防护可就轻便多了。他们身穿的铠甲的臂甲仅仅盖住了肩膀，脖子上没有颈甲，也没有护手甲。这样的好处就是便于他们灵活迅速地操持着兵器与敌人进行战斗。

驷乘车

驷乘车是从指挥车演变而来的。驷乘车整辆车的车体彩绘华美高贵，车上有军吏1名，御手1名，武士2名。它是在指挥车的基础上增加了一名武士，这样可以增强战斗力。

驷乘车是为了掩护主帅而临时出现的，由于古代战车车厢短，增加一人会影响战车的行进速度，也不利于武士操持戈矛等长柄武器，所以驷乘车在战场上出现的几率非常小。秦始皇陵兵马俑中仅仅出土了两辆这样的驷乘车，由此可以看出其在考古史上弥足珍贵的历史价值。

通过以上的分析我们可以得出：古代车战是战车与步兵的结合而成的混合作战类型，每辆战车后都配备有一定数量的步兵。作战时，战车在前，步兵在后；遇到复杂危险的地形时，指挥官则将步兵分为3组，将其布置在战车的前面、左面、右面，这样战车和步兵就可以构成一个最基本的编制单位。

随着时代和战争形势的发展变化，战车、步兵这样的结合以及战车后面跟随着步兵的数量都相应地发生了变化，但是有一点却保留了下来，那就是：古代的车战，战车后一定要配备有一定数量的步兵。

在辽阔广袤的原野上作战时，战车在前面进行强劲的冲击，把敌军的队形冲垮，紧接着后面的步兵快速跟进撕裂对方的防御线，从而继续扩大战争的进程。

战国时代既有车对车的作战方式，又有车对步兵或者车对骑兵的作战方式。但是不管是哪种作战方式，其基本的作战方法仍然是冲击战。由于马的速度非常迅猛，再加上战车的重量，当飞速驰骋的马拉战车以其强大的冲击力迅猛地冲向敌军阵地的时候，可以想象到对敌方的心理和身体会造成多么严重的威胁。

武器装备

秦始皇陵兵马俑俑坑中已经出土了大约4万件青铜兵器，其中绝大部分是青铜镞（箭头），另外还有剑、戈、矛、戟、铍、殳、钺、弓、弩等。有的兵器上刻有铭文，这对于研究秦代兵器以及秦代的历史提供了珍贵而又丰富的实物材料。由于受当时的冶炼技术的限制，铁兵器非常稀有，所以在秦始皇陵兵马俑中只出土了一件铁矛、两件铁镞。

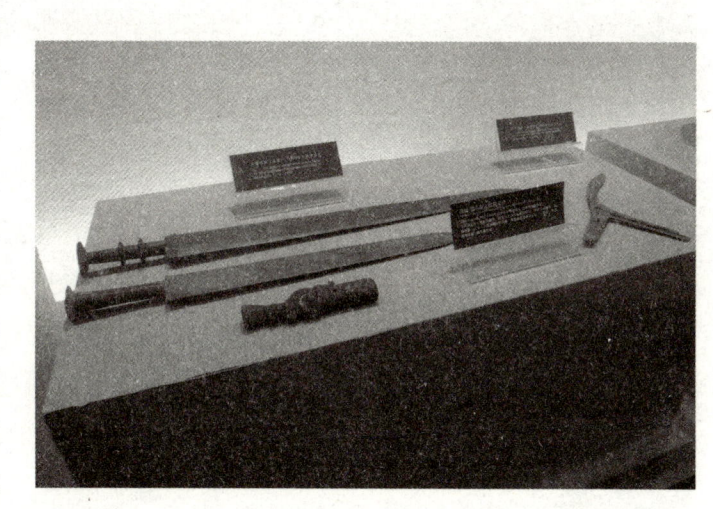

秦始皇陵兵马俑出土的兵器按其攻击范围大致可以分为3类：短柄兵器、长柄兵器、远程攻击兵器。

短柄兵器

出土的近程攻击兵器只有剑和金钩两类，都是用青铜打制而成的。

兵马俑中已出土的青铜剑有27把，有的出土时仍然插在剑鞘

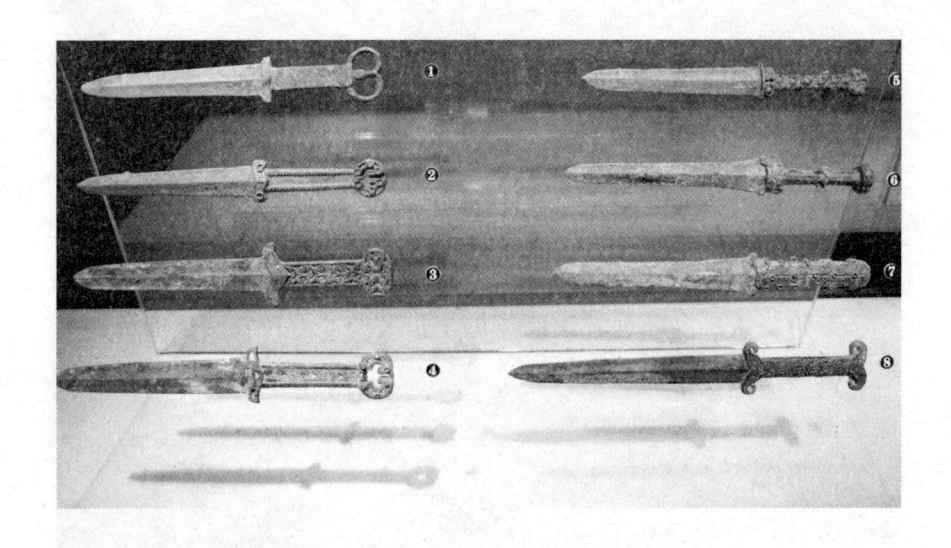

中，光亮如新，没见一丝生锈的痕迹。其中铜剑的剑身长64.2—73.2厘米，通柄长81—94.8厘米，剑锋锐利，穿刺力较强。

当青铜剑刚发掘出来的时候，考古人员张占民曾经做过一个实验。他在桌面上放了一叠纸，然后将青铜剑轻轻地划过那叠纸，然后大家惊奇地发现，就那么轻轻地一划，竟然可以穿透19层纸，其锋利程度可想而知。

尤为值得称道的是，这些青铜剑的韧性异常惊人。有一口剑，被一具150千克重的秦俑压弯了，弯曲度超过45度。当秦俑被移开的一瞬间，奇迹发生了，青铜剑反弹后又恢复到原来的状态，即又平又直。这种青铜剑能在长达2000多年的地下掩埋中仍然光亮如新、锋利如初就已经很不容易了，而竟然还能做到刚柔并济、自然还原，确实算是兵器史上的一件奇事了。由此可以看出当时工匠技艺水平的高超程度。

金钩也属于短柄兵器，因为它是由吴国最早发明的，所以又被称之为吴钩。它虽叫"钩"但形似弯刀，确切地说是像镰刀。金钩用青铜铸造，全身弯曲呈弯月状，齐头双刃，全长65.2厘米，其中刃长54.1厘米，宽2.2—3.5厘米，重1.045千克。

汉代赵煜编纂的《吴越春秋》一书中记载：

　　阖闾（吴国的一位君主）原宝莫邪（古代一把宝剑的名称），复命于国中作金钩。命曰："能为善钩者，赏之百"。吴做钩甚众。

至于金钩到底是什么形状，如何使用，由于都没有见过，大家莫衷一是。而这次金钩的出土，就很好地解决了这一难题。

金钩与剑的主要区别是：剑身平直有剑尖可用于刺、挑、砍、劈等动作；而金钩由于是齐头的，没有刃尖，且是弧形，所以只能用于钩杀和推杀。吴钩是冷兵器里的典范，充满传奇色彩，后又被历代文人写入诗篇，成为驰骋疆场、励志报国的精神象征。

长柄兵器

兵马俑坑中出土的长柄兵器有戈、矛、戟、铍、殳、钺 6 种。除了长矛是铁兵器外，其余都是青铜兵器。

矛是长兵器中最常见的刺杀兵器。戈是头部弯曲、带柄的长兵器，适用于左右格杀和钩杀。这种兵器非常普遍，直到清朝中期的战争中，仍可以见到它的踪影，尤其是现在的影视作品中对矛的描

述就更加详细了。然而这里讲述的却不是我们平常所见到的丈八蛇矛那么长，而是通体长达 6.3 米的巨型长矛。

这支长矛加上矛头，完整的长矛接近 7 米。这种长度的刺杀兵器，端平都十分吃力，秦军是怎样用来作战的呢？

如果用来单兵作战，7 米的长矛根本无法自由格斗。但是，在古代希腊，亚历山大的军队就以 7.2 米的长矛而闻名，由长矛组成的方阵曾经使他们战无不胜。专家推测，秦步兵中应当有类似的长矛方阵，长矛的威力在于集体的力量。不论发生什么情况，这些士兵都要挺着长矛向前走，前排倒下，后排立即补上，保持方阵不变。

从武器和作战方式来看，长矛手是杀伤力最大的步兵兵种。枪头如林，方阵如山，巨大的冲击力不可阻挡。

戟是由矛头、戈头和一个长柄组合而成，既可刺杀，又可钩杀的兵器。大家所熟知的"人中吕布，马中赤兔"的"温侯"吕布拿的方天画戟就是戟的一种。

戟综合了戈和矛的优势，具有勾啄和刺击双重功能，杀伤力比戈和矛都要强。戟在商代即已出现，西周时曾用于作战，但却没有普遍地应用于战斗。

到了春秋时期，戟已成为常用兵器之一。春秋前期鲁隐公十一年（前 712 年），郑国在伐许前授兵时，即有子都拔戟逐颖考叔的事发生。后世也有很多拿戟的出名武将，如典韦、吕布等。

铍，相信大家不仅对这个兵器陌生，甚至可能对这个字也感觉很陌生。战国至汉初，战场上较普遍地使用铍。西汉中期以后，由于铍的制作工艺复杂，而且不容易固定，所以它的使用逐渐减少，并逐渐从战场上消

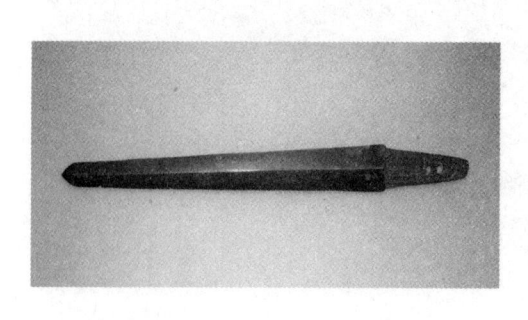

失。大家对它感到陌生，也在情理之中。

许慎在《说文解字》中说道："铍，大针也。一曰，剑如刀装者。"可见它的样子确实像一柄长剑。秦始皇陵兵马俑坑中出土的铍身长35厘米，刃锋锐利，铍头的下端有扁平型的长茎插入柄端。匹柄为木制，如果算上木柄的话，铍全长3.8米，像这样既有铍头又有长柄的完整长铍，在考古史上属于首次发现。

铍见于战国时期，以前多误称为剑。所谓剑刀装者，"装"即包裹、包覆的意思，就是在剑体上，加装皮套。由于铍加装手柄之后较长，约170厘米，且两面开刃，为了防止携带过程中伤及同伴，故而加套。

铍在作战时主要用于直刺和砍杀，秦以前铍首多用青铜铸造。汉代则多用铁制，铍首比秦代铜铍显著加长，增强了杀伤的效能。铍的外形极似短剑，铍之锋和短剑相同，平脊双刃，铍身断面为六边形，形制极像短剑，长约30—35厘米，后端为扁形或矩形的茎，用以装柄，一般在茎的近端处开有圆孔，以便穿钉固定在长柄上。后装长约3—3.5米的竹柄或木柄，是一种极其锐利的刺杀兵器。

从文献资料看，铍可能起源于殷周之际，盛行于战国秦汉。铍最早被称为"夷矛"，春秋战国时期名称又演变为镁、铍、钬等，东周时代的宋、吴、秦、赵、燕等国长铍盛行，应用很广。西汉时改为铁制，西汉中期以后逐渐消失。这种兵器古书记载颇多，但长期以来一直无完整实物出土。秦俑坑中出土的铜铍，为我们提供了宝贵的实物资料。

铜铍和矛的区别，除头的形制不同外，主要是装柄方法不同：矛是将柄纳入矛筒中，而铍是铍茎插入木柄中，外用绳等捆绑。铍的长柄末端装有铜樽，铍身还配有保护刃部的鞘。

秦俑坑出土的青铜铍，铍首长度多为35厘米左右，茎长12厘米左右，铍之木柄多已腐烂残损，铍身刻有"十五年寺工"之类铭文，茎上刻有"十六"等字。"十五年"为秦始皇纪年,"寺工"是中央主造兵器的官署机构,铍上最后还刻有实际生产的工匠名字。

秦俑坑已发现青铜铍16件,可以改正过去将铍误视为短剑的错误。有学者认为,铍之(即长柄)有积竹、木柄两类。而铍也有扁茎铜铍和铜铍两种,铜铍主要流行于战国时期的赵、楚等国,扁茎铜铍主要流行于秦国。

再说一种竹制的武器——殳（shū）。殳是主要用于撞击的长柄兵器,长3米多。一般,殳头的锋刃呈三棱矛状,有的头部还装有尖刺或装饰有浮雕花纹,还有的殳柄上套装着带刺的铜箍,便于勾住对方的身体或者兵器。殳也可以作为车队出行的前导仪仗。

春秋战国时代,诸侯争霸,华夏大地烽烟四起,随着车战的流行,出现了青铜和铁制的殳,战斗力也大大提高。这是殳作为典型兵器的辉煌年代。

秦代是中华版图大一统的年代,锋披天下的秦军在以武力统一六国的同时,也拥有着数量庞大、质量精良的各种青铜兵器。而作为车战"五兵"之一的殳的功用,却在悄然退化着。秦始皇兵陵马俑坑中出土的殳,全部都是青铜圆筒套头、无锋刃的仪仗性仪仗兵器。所以,许多人对这个兵器感到有些陌生也是不足为奇的。

再介绍最后一种长柄兵器——钺。钺一般是用青铜或者玉石制成的圆刃或者平刃,样子与斧头非常相像,史书记载钺的形成与斧的形成是在同一个时代,并且钺的式样与斧相同。钺比斧头大1/3,杆长约0.5米。秦始皇兵马俑坑中出土的钺,外形像一把宽扁的斧头,有长柄。据专家估计,它可能是秦军用于军中权威的象征,而不是作为实际战斗中的兵器使用。

钺也安装有木柄,主要用于砍斫。钺的使用主要是集中于商朝以及西周。《史记·殷本纪》中记载道:"汤自把钺以伐昆吾,遂伐桀。"

这句话就是说：由于昆吾部落助纣为虐，所以商汤（商朝的建立者）手持着钺讨伐昆吾部落的首领和夏朝的最后一个国君——桀。由此可以看出钺在商朝是作为一种象征杀伐之权的仪仗兵器。

从商周时期，钺作为兵器的同时亦作为仪仗礼器使用，而且钺仅为王者专用，王者用钺表示王权的高贵和正统性。《尚书》上记载："钺以金饰，王无自由之理，左杖以为仪耳。"史载："周公把大钺，召公把小钺，以夹武王。"春秋时期钺在实战中的地位已大大降低，多用于仪仗、装饰之需，以作为军权的象征。

通过以上古文献的描述可以得知，古代君主赏赐大臣青铜钺，有赋予军权和征伐权的意义。所以说钺是象征征伐权力的权杖，也是统帅权威的象征，同时又是执行最高律令的法器刑具。古代皇帝选拔将领，要在太庙举行仪式，给主将授予黄钺。主将接受了皇帝授予的黄钺以后，就意味着掌握了生杀予夺，对触犯军纪军规的一切人等具有诛杀以正号令的权利。所以秦始皇陵兵马俑中出土的钺主要用于仪仗而不是实战。

远程攻击武器

秦始皇陵兵马俑坑出土的远射程的攻击武器有弓和弩。在以冷兵器为主要武器的古代，弓和弩对敌人的杀伤力是极大的。

秦始皇兵马俑坑出土的弩，由弩弓、弩臂以及铜弩机3部分构成。弩弓为木质，长130—144厘米，用皮条或者皮绳缠扎起来，表面涂上褐色生漆。弓弦长108—124厘米，弩弓至于弩臂前端的含口内。

弩臂为木质，长70—76厘米，宽4—5厘米，弩臂的前端距离含口6—11.5厘米处的左右两侧各有一个长方形的木耳，用两根线绳在前段将其缚住，将其后端分别系结在弩弓的双耳上，使弩弓固定在弩臂的含口内。弩臂的后端有用竹片做的关，关后有长方形橛

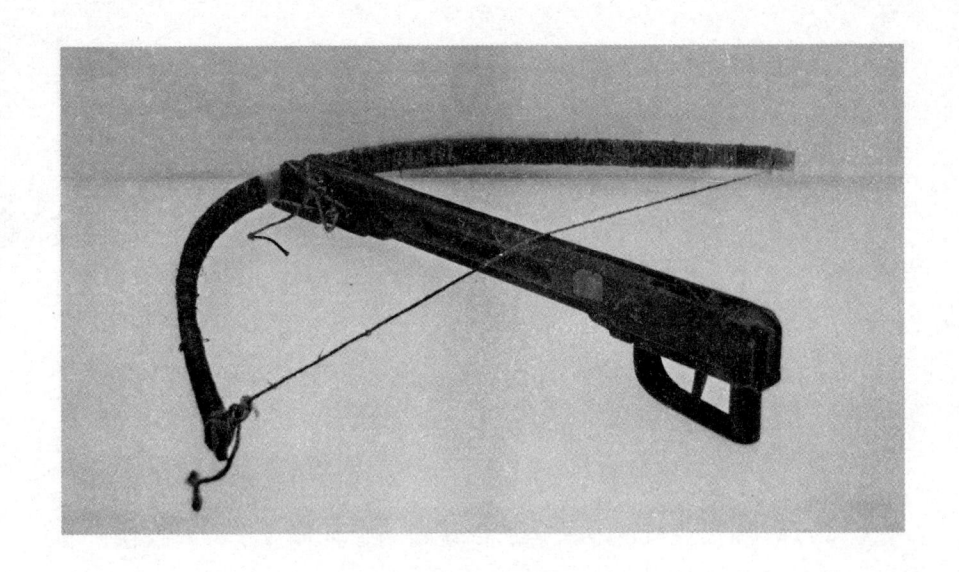

状的木托，并装有铜弩机件。

弩臂的上部为平面，中间有支撑箭体的凹槽。弩臂的下部呈圆弧形，左右侧的中部呈内凹的弧形，这样的弩弓便于弓箭手握持，而且弩臂通体涂成褐色。这种结构的弩弓的好处是：弩臂得以增长，增强了弓的张力，使弩的射程更远、威力更大。

让人感到惊讶的是，在对一号坑进行第二次正式发掘工程中，出土了两件带有铜廓的弩机。与木廓弩机相比，铜质弩机有效地提高了机械的灵敏度和稳定性，增强了射击的准确性和使用寿命，这是一项重要的科技进步。秦军之所以能够在攻取六国和击败匈奴的战争中屡屡取胜，弩的作用至关重要。持弩的秦骑兵射击的准确程度是匈奴人无法相比的，匈奴人的皮甲也抵挡不住弩箭强大的穿透力。

过去史学界认为铜廓机的发明始于汉代，而秦始皇陵兵马俑俑坑中发现的弩弓有力地证明了铜廓机技术开始于战国晚期。

弩的张法有3种：第一种方法是臂张（古人称之为擘张），是用手托住弩臂，左手拉开弓弦而发射弓箭；第二种方法是蹶张，是用双脚踏住弩弓，用手拉开弓弦发射弓箭；第三种方法是腰引，是用双脚踏住弓弦，用腰际系结绳上的钩子，再用钩子钩住弓弦再拉开弓弦发射弓箭。通过以上描述得知，后两种张弓方法主要用于强劲的弩箭。而战车上的弩弓就属于这一类型。

俑坑中共出土弓箭300余束，每束一箙，每箙有弓箭100余支。弓箭通体长约70厘米，箭杆分为竹竿和木杆两类，箭杆的前端插有铜镞，后端有尾羽与括（拉弦的含口）。箭杆通体彩绘，箭杆前端插接的铜镞均为三棱锥形，依其长短、轻重可分为大、小两种类型。大型铜镞一般长约41厘米，小型铜镞长约15厘米。小型铜镞的箭用于一般弓弩，大型铜镞的箭用于强弩。

战国时代，箭头的种类繁多，这些箭头上的倒刺和血槽让人感到阵阵杀气。而在兵马俑坑中发现的箭头，几乎都是三棱形的。秦

军为什么单单选择了这种三棱箭头呢？

专家对这些箭头进行了仔细的分析，将俑坑中出土的三棱锥性箭头的3个面细致锉磨。在放大镜下可以看出，锉磨的纹路都是很细、很规则的平行线。科技工作者曾经对青铜箭头的这3个面做过放大投影观测，放大20倍后，同一根箭头的3个面的误差不大于0.15毫米，不同箭头的3个面的误差不大于0.2毫米。

检测结果发现：箭头的3个弧面几乎完全相同，这是一种接近完美的流线型箭头。当这些精确的检测数据最终被摆到桌面上的时候，研究人员确实感到难以置信：这样的精密程度即使在当下也很少见，更别说在当时连结构力学和流体力学等基础知识都不明白的秦代。

秦人凭经验接近了现代空气动力学的规律，这种古老的箭头是早期飞行器当中的范本，它和今天的子弹一脉相承。秦弩，连同它配备的弩箭，在那个时代很可能是技术含量最高的武器。正是这样精准的制作工艺使秦军的攻击力大为加强。

这种箭头的轮廓线跟子弹的外形几乎一样。子弹的外形是为了减低飞行过程中的空气阻力。我们有理由推测，秦人设计这种三棱形箭头也是出于同样的目的。三棱箭头拥有3个锋利的棱角，在击中目标的瞬间，棱的锋刃处就会形成切割力，箭头就能够穿透铠甲、直达人体。带翼箭头有凶狠的倒刺，但翼面容易受风的影响，使箭头偏离目标。

秦军的这种三棱箭头取消了翼面，应该使射击更加精准。所以可想而知，我们的先辈是多么的聪明和伟大。在兵马俑坑中发现的三棱箭头有4万多支，都制作得极其规整，箭头底边宽度的平均误差只有0.83毫米。

北京理工大学的冶金专家对秦军箭头做了金相分析，结果发现它们的金属配比基本相同，数以万计的箭头竟然是按照相同的技术标准铸造出来的。这就是说，不论是在北方草原，还是在南方丛林的各个战场，秦军射向对手的所有箭头，都具有同样的作战质量。难道，地处秦国各地的兵器作坊都在有意识地，甚至是强制性地按照某个固定的技术标准生产兵器吗？如果真是这样的话，秦人就工业制造水平而言，远远地超越了自己的时代。

标准化是现代工业的基础。标准化生产使不同的供应商生产的零部件可以组装在一起，也使大规模的生产成为可能。在2000多年前农业文明刚刚开始成熟的时代，假如秦人真的有过标准化的兵器生产，他们的目的又是什么呢？

秦军使用的弩机，由于制作十分标准，它的部件应该是可以互换的。在战场上，秦军士兵可以把损坏的弩机中仍旧完好的部件重新拼装使用。秦军的其他兵器虽然也可以互换，但对于大多数古代兵器来说，互换性要求的精确度并不很高。专家推测：秦人的标准化应该还有更重要的目的。

兵马俑坑中发现的各种兵器，在战场上标准化程度很高，很可能是秦军从几百年的战争实践中优选出来的。专家推测，秦人很可能将优选兵器的技术标准固定，国家再通过法令将这些技术标准发放到所有的兵工厂。

尽管按今天的工业标准看，这些兵器的标准化仍旧是比较粗糙和落后的，但是，在2000多年前，秦人执着于统一标准，肯定是为了保证所有秦军战士使用的都是当时最优秀的兵器。

以上关于秦始皇陵兵马俑俑坑中出土的兵器的介绍都是在秦始皇在位时期制作的，它们是迄今为止的中国考古发现中，出土数量最多的兵器。这些兵器很好地反映了秦代军队各种兵器的配置，使我们可以直观地了解古代军队中武器装备的情况，对于研究秦代军事文化具有良好的参考性。

铠 甲

作为士兵，既要知道怎样进攻，还得知道怎样防御。铠甲是保护身体的一种防护性装备，兵马俑坑出土了大批铠甲武士俑。他们的甲衣是用浅浮雕的方法雕刻而成的，是根据军阶的高低而定的。

高级军吏俑的甲衣是彩色的鱼鳞甲。这种鱼鳞甲是由前身甲、背甲以及肩甲（有的武士俑身上没有肩甲）等部分组成。前身的护甲长至腹部以下，下摆呈等腰三角形；背甲长及腰间，下边缘非常齐整；胸、背以及双肩部分的护甲是由整片皮革制成，皮革上面没有镶嵌甲片，而腰间却缀有细小的黑色甲片，并且配有朱红色的联甲带；前胸、后背以及双肩缀有彩带绾结的花结。

整个铠甲都是使用彩色绘制而成的，色泽艳丽，花纹淡雅高贵，显示出高级官吏人员的等级优越性。考古人员发现，在高级军吏俑的皮甲上嵌缀有细小的铁甲片，这是目前为止发现的最早的彩绘鱼鳞甲。它是皮甲向铁甲过渡阶段的象征。

中级军吏俑的铠甲有两种形式。一种是仅有护胸甲，没有背甲和护肩甲（古代称之为披膊），双肩上的背带一直交叉延伸至腰间，并把护胸甲固定于胸前。这种铠甲是在整片皮革上嵌缀着甲片，并且在四周留有宽绰的边缘；甲衣上的甲片为黑褐色，并且配有白色的甲钉（将甲片连接起来的针脚）和朱红色的甲带。背带以及周围的边缘上都绘制着精美的彩色花纹。

第二种铠甲是筒形彩色鱼鳞甲，它是由前身甲、背甲以及肩甲3部分组成的。前、后甲的长度相等，下摆平齐；前胸以及前后部分为大片皮革，没有镶嵌甲片，其余部分镶嵌有细小的黑色甲片；甲的上部以及四周的边缘都绘有四方连续的精美图案花纹。这种类型的护甲的甲片较小，排列起来就像鱼鳞一样，所以也被称之为彩色鱼鳞甲。

下级军吏俑的铠甲是由前身、背甲以及护肩甲3部分组成的。这种铠甲的质地为皮甲，是由方形、长方形以及不规则的小皮甲片编缀而成的。甲片全为黑褐色，联甲带为朱红色；铠甲上没有彩色图案花纹。这种类型的铠甲与一般士兵俑的铠甲样式相同，但是与士兵俑的铠甲相比，甲片小，甲扎多。

介绍完了不同等级的军吏的铠甲，接下来开始从普通士兵入手，通过对不同兵种的武士俑的着装情况分析，得出普通士兵所穿戴的铠甲的情况。

御手俑的铠甲有两种不同的形式。第一种为筒子甲，由前身甲以及背甲两部分组成，但是遗憾的是没有护肩甲，从而使肩膀完全暴露在外面。这种铠甲的甲片是黑褐色，联甲带为朱红色，甲片较大。这种类型的铠甲是高级军吏以及中级军吏所在的指挥车上的御手俑所穿的铠甲。

第二种类型的铠甲由前身甲、背甲、护臂甲、护手甲以及颈甲（古人称之为盆领）5部分组成。这种类型的铠甲与其他类型的铠甲相比，增加了护臂甲、护手甲以及颈甲，它的护臂甲长至手腕，形状呈倒扣的瓦状，这样就可以很好地将手臂完全罩护在护甲下；护手甲由3片甲片组成，呈弯曲的舌头状，正好可以把手罩住；颈甲由3块弧形甲片组成，可以围绕着脖子一周，并且前侧开了口。

这种类型的铠甲是一般战车上御手俑所穿的护甲。

骑兵俑的铠甲呈圆筒状，故被人称为筒子甲。甲身长至腰间，双肩也没有护肩甲，所以相对来说比较灵活轻巧，便于骑兵在马上弯弓射箭，或者拿着兵器与敌人近距离搏杀。

步兵俑的铠甲由前身甲、背甲以及肩甲3部分组成。它的甲片较大，甲扎较少，护甲的质地为皮甲。由于步兵的数量庞大，所以这种类型的铠甲的数量也非常可观，它也是秦军广大普通士兵经常穿戴的甲衣，也算是主流作战服吧。

从秦始皇陵兵马俑坑中出土的秦俑的着装情况来看，我们会发现秦军的铠甲具有如下的主要特征：

第一，秦代的铠甲是分等级的。秦代的铠甲主要分为高级、中级、低级军吏以及一般士兵这几类，通过他们的着装就可以大体知道他们职位的高低。这有点像是现代的军服制度。

第二，秦代开了不同兵种采用不同防护措施的先河。比如骑兵

的装甲比较轻便灵巧，比较适合于骑兵在战马上厮杀搏斗。御手的防护比较全面，不仅护住了脖子，而且对御手最重要的部位——双手，也做了相应的防护措施，可以说是设计得非常周到和人性化。这种设计是古代防护装备史上的一大进步，具有里程碑的意义。

第三，秦代铠甲是鱼鳞甲的起源。以往人们总是认为鱼鳞甲起源于汉代，但是通过秦始皇陵兵马俑坑中出土的彩绘鱼鳞甲的情况来看，它是皮甲向铁质鱼鳞甲的过渡形态，这充分说明鱼鳞甲创始于秦代、兴盛于汉代。

第四，秦代的甲片与以往出土的秦代以前的甲片相比，更加趋于小型化，并且甲片的编缀方法有了较大的进步。秦代的铠甲已经能够根据人体的弯腰、挺腹、侧转、举臂、站立或跪坐等活动的要求，合理地安排甲片的叠压和编联。与以前的编联手法相比，秦代的方法更加规范化、定型化，因此对后世铠甲的制作产生了重大的影响。

第四章 地下军团的排兵布阵

中国古代作战非常注重讲究排兵布阵。而此次秦始皇陵兵马俑的俑坑中出土的秦俑、陶马,以及战车、骑兵和步兵等兵种,可以说是秦始皇领导着秦军在地下的一次排兵布阵。

秦始皇相信"事死如事生",不惜动用全国上下的财力、物力、人力,去精心设计了一个由8000余件形体高大的俑群构成的规模庞大的军阵体系。秦始皇当时想的也许是死后在地下继续率领千军万马,称王称帝。但时至今日,秦始皇心念的"地下统一大业"已无人关心,唯有这壮观的地下军团留给后人,成为了无价之宝。

以步兵为主的阵列

秦始皇陵兵马俑一号坑共有战车50余辆,秦俑、陶马6000余件,以步兵为主,是一个以战车与步兵相间排列的大型军阵,由前锋、左右翼卫、后卫以及主体军阵四大部分组成。现在我们就慢慢地将这幅壮丽的画卷全面给大家展开,让大家清楚地见识到一号俑坑中的地下兵团的庐山真面

目。一号俑坑的示意图展示如下：

前锋部队

前锋部队位于兵马俑一号坑军阵的东端，共计有步兵俑204件。这些步兵俑全部面朝东方排列成三列南北向的横队；每一列都有秦俑68件，而且基本上是轻装步兵俑。在前锋部队的左右两端各有一件头戴长冠的军吏俑。这两个军吏俑头绾着圆髻，身穿铠甲，仪表威严，一看就知道他们是前锋部队的指挥官。让人惊奇的是，这两件军吏俑的装束明显不同，左边的军吏身穿铠甲，右边的军吏则没有穿，而且在他们附近各出土了一件仪仗性兵器——金钩，这足以说明他们的身份比较特殊。

左右翼卫部队

两侧的翼卫部队位于一号兵马俑坑军阵的左右两侧，即一号和十号过洞内。由前面的介绍知识可知，每个过洞内有两列步兵俑，

其中一列排成纵队，面朝东方；另一列排成东西向面朝外的"一"字横队。

每个过洞长约178米，每列有大约180件秦俑，整个军阵坐西向东，而两侧侧翼分别有一列军阵分别向南、向北排列，这样的布阵可以有效地防止敌人从两侧袭击。这些士兵俑除了东端30多件是不穿铠甲的重装步兵俑外，其余都是身穿铠甲的轻装步兵俑。他们手中所握持的武器多为弓弩，部分秦俑腰中挂着长剑，可以断定他们属于军吏的一种。

后卫部队

后卫部队位于一号坑的西端的长廊部分。正如前面所讲过的前锋部队和左右翼卫部队一样，后卫部队也有呈南北向排列的3列横队，其中两列面朝东，最外边的一列面朝西。

其中一号俑坑的西端还没有全部发掘，这三列横队步兵俑的数量和手中握持的兵器情况还不太清楚。但是，通过对这部分试掘方内秦俑排列的密度情况进行推算，可知里面秦俑的数量与一号俑坑东端前锋部队三列横队的步兵俑的数量大致相同，也有约200件。

后卫部队的秦俑的

装束与前锋部队不同，都是身披战甲的重装步兵，他们笔挺的身躯，再配上脑后那6股宽辫形发髻，堪称古代虎贲战士的典型代表，其英姿飒爽、昂首挺胸的威武雄姿引得参观者连连称赞。

主体部队

主体部队作为一号兵马俑坑的主体部分，位于一号坑的中心位置，具体来说就是一号兵马俑坑的二至十号过洞。这里有战车与步兵相间排列的36路纵队，其中每一纵队长178米。根据已经发掘和局部试掘发现的秦俑、陶马出土情况进行分析，可知共有战车50多辆，步兵俑4000多件。

由于一号坑还没有全部发掘，所以战车和步兵排列的详细情况还没有弄清楚。但是根据发掘出土的文物的情况来看，我们可以发现如下的特征：

战车全部都是木质结构，车前有4匹陶马以供驾驭，车上有3件武士俑。步兵俑中除了主力部队中的主体部分的前端有少量武士俑是不穿铠甲的轻装步兵俑外，其余的都是身穿铠甲的重装步兵俑。这些步兵俑所配备的武器主要有弓弩与戈、矛、戟、铍等长柄武器，少量武士俑身佩长剑。从他们的精良装备可以看出，这支主力部队一定担负着攻坚克难的重任，也许在秦始皇横扫六合的过程中就有他们纵横捭阖、驰骋疆场的身影。

从上述编排情况看，大体可以看出这个军阵具有如下几个特点：

第一，从军阵的排列情况看，会发现军阵外形是"前后整齐，四方如绳"。这句话的意思就是说：这个军阵从整体上看是前面和后端都很整齐，排列非常有次序，四四方方的就像用准绳（测定物体平直的器具）分割成的豆腐块一样方正。

这个方阵坐西面东，长184米，宽57米，后面的纵深明显大于它的截面宽度，这样排列的好处就是可以显示出雄厚的后续力量。专家分析得出这个方阵既不是行军队列，也不是交战时的战斗队列，而是一个戒备森严、整装待发的队列。

古文献上对这种阵列的解释是："阵不动不用为居阵"，意思

就是：不使用、不挪窝进行动作的军列就是居阵。因此一号坑中的军阵称之为"居阵"。

这个阵列的好处是，一旦有战斗任务，只要统帅一声令下，这个大型"居阵"就会发生无穷无尽的变化，让对方防不胜防。古人称之为"滚如风雷，触之者摧""所向披靡"。

第二，军阵在队伍安排调度上非常科学合理，既有前锋在前，又有翼卫部队在两侧加以保护，后面还有后卫部队殿后。这样的安排非常合理，既便于进攻，又利于防御，是先秦时期的一大特色阵列。

战国时期著名军事家孙膑认为排兵布阵的一条重要原则就是：既要有前锋，又要有后卫。这好比一把宝剑，前锋部队就相当于宝剑的剑锋，强大的后卫部分就相当于宝剑的手柄。

如果一个军队没有前锋，就相当于一把宝剑没有锋利的剑锋，那么即使这把宝剑镶金嵌玉，雕龙镂凤，还是毫无战斗力。

如果一个军队没有后卫部队，就相当于一把宝剑没有可以用手把持的部分，好比是你用手直接抓着剑刃，这样虽然消灭了敌人，但你的手也要受到严重伤害，你还没消灭敌人，就被自己的宝剑给消灭了。

所以，孙膑在《孙膑兵法》中写道："故有锋有后，相信不动，敌人必走"。可见这种有锋有后的阵列的威慑力是非常强大的。一号兵马俑坑军阵，以204件轻装步兵作为先锋，以战车与步兵相间排列的36路纵队作为阵体，按照《孙膑兵法·十阵》上的讲解，我们可以知道这个阵法是"末（前锋部队）必锐""本（主体部队）必鸿"。况且一号坑军阵的左右两侧还安排有翼卫部队，以防被敌人从两翼进攻，将军阵切分为前后两部分，使首尾不能相顾。这样的安排完全符合兵法家所说的布阵原则。

第三，在武器配备方面，前锋和翼卫部队装备有弓弩这些远程攻击武器，而主体部队的武士除了配备有戈、矛、戟、铍、剑这些近距离搏杀武器外，还额外配备了弓弩等远程攻击武器。这样就可以有系统地将武器和部队结合起来，体现了"长兵在前，短兵在后""材士强弩翼吾左右""长短相杂"的科学分布规则，并且作战时可以方便地进行"长以救短，短以护长"。

这样的排布方法是通过实战检验的科学兵法，对后世的影响非常深远，直到近现代仍然非常实用。在以往的考古资料中，出土的古代兵器数量虽然众多，但都是零星出现的，而在此次兵马俑坑中发现的这些先秦时期的各种兵器有机组合，实属罕见，弥补了我国考古界对于"古代军阵中各种兵器如何配备组合"的空白，对于这个问题研究有了实质性的佐证。

多兵种混合军阵

二号兵马俑坑的平面呈现为曲尺形，是由弩兵方阵、战车方阵、混合方阵、骑兵方阵组成的多兵种大型军阵。二号俑坑的示意图展示如下：

```
              二号俑坑
    ┌──────┬──────┼──────┬──────┐
  弩兵方阵  战车方阵  混合方阵  骑兵方阵
```

弩兵方阵

弩兵方阵，顾名思义是由弓弩手组成的一个方阵，位于二号俑坑的东北角。这个方阵里共有步兵俑332件，排成一个面朝东的正方形军阵。这个军阵是由阵心和阵表两部分组成的。阵心由8路面向东的身穿铠甲的跪射俑组成。

弩兵方阵中有8路纵队，每路纵队有秦俑20件，共有160件弩兵俑。弩兵方阵的四周都是站立式的步兵俑。前边的步兵俑排成两列，并且呈现出面东的南北向的横队，每列有30件士兵俑，两列共有60件。其中第一列纵队中的步兵俑除了左端一件为身穿铠甲的重装步兵俑外，其余29件全是轻装步兵俑；而第二列纵队全部是重装步兵俑。

弩兵方阵的左右两旁，各有3路面东的纵队，每路有14件秦俑，全部都是轻装步兵俑。方阵的后边有两列面东的南北向横队，每列有秦俑14件，多数为没有披挂铠甲的轻装步兵俑，其中有两个地位较高的铠甲俑。一个铠甲俑为身穿彩色鱼鳞甲、头戴鹖冠、双手握剑的高级军吏俑，另外一个铠甲俑为身穿彩色花边前胸甲的中级军吏俑。

这两件铠甲俑立于方阵的左后角，据推测可能是军队的高级指挥官。根据已经出土的套用的姿势、手势以及伴随其出土的兵器情况，可以得知阵心部分的跪射俑手持弓弩，阵表部分的轻装步兵俑为立射俑。他们的装备也都大致相同，除去高级指挥官以外，阵表部分的铠甲俑当然都配备着戈、矛等近程攻击武器。

战车方阵

　　战车方阵，位于二号俑坑的右侧，是由战车组成的坐西向东的方阵。在这个方阵里共有 8 列战车，每一列又有 8 乘战车。方阵中的战车全是木质结构，有的已经腐朽，仅存战车的轮廓遗迹。根据考古人员分析发现，战车前驾有 4 匹陶马，即古书上所讲的两骖（两侧的马叫作"骖马"）、两服（中间的两匹马叫作"服马"）。

　　战车上发现了 3 件身披铠甲的武士俑，其中一个为驾驭马车的御手，另两件为负责作战的武士，古人称之为车左和车右。车左和车右全权负责保护御手的安全和作战。其中御手用双手做出把持缰绳的姿势，车左和车右的武士一手握持着矛、戈等长柄兵器，一手做出按住车帮的姿势。

混合方阵

　　混合方阵位于二号俑坑的中部，是由车、兵、骑 3 个兵种混合而成的军阵。混合方阵是一个坐西向东的长方形军阵，共有 19 乘战车。它排成 3 路纵队，中间的一路有前后依次排列的 7 辆战车，左右两路各有前后依次排列。中间的一件秦俑为御手俑，另两件为车左、车右。指挥车上也有 3 件秦俑，其中一件为高级军吏俑，另外两件俑一个是驾车的御手，一个是武士。

　　每辆战车的后边都有隶属步兵俑跟随。前边的 14 乘车，每乘车后有 8 件步兵

俑；阵尾部分的 5 乘车，其中有两乘车是每乘车后跟随着 28 件步兵俑，而另外 3 乘车是每乘车后跟随着 32 件步兵俑。在场方阵的最后有 8 位骑兵作为殿后军队，分为前后两列，每列 4 骑。

这就是由车、兵、骑组成的混合方阵，这样的组合就像现在的多兵种作战部队一样，可以结合骑兵的迅速机动性以及步兵的群体性协作战斗力，这样的有机结合有利于加强部队的团队作战能力。

骑兵方阵

骑兵方阵位于二号坑的北部，是一个坐西向东的骑兵阵。这里有战车 6 乘、骑兵 108 骑，他们排成了 11 列横队。第一、三两列是战车，每列有 3 乘车。第二列及四至十一列都为骑兵，每列有骑兵 3 组，每组 4 个骑兵。

骑兵方阵里的战车也全部是木质结构，车前驾有 4 匹陶马。车上有 2 个秦俑，一个为御手，一个是车右武士。古代的战车一般情况下都有 3 人，而这里的 6 乘战车，每个里面只有两人。这并不是特殊情况，也不是出土的时候不小心将另外一个打破了。其实这种情况叫作"旷左"，这样的战车叫作"佐车""副车"或者"贰车"，表示这个车子是从车，相当于备用车。

骑兵方阵的纵深大于其横截面的宽度，并且以两列战车中间隔一列骑兵作为阵首，后面紧接着是 8 列骑兵（总共有 96 骑）作为阵体。这种编组方法在考古史上也是首次发现。

统帅部构成

兵马俑的三号坑是统帅军队的指挥部，但是俑坑内却没有发现将军俑，考古界一直以来对于这个问题讨论不休，人们围绕着这个问题展开了各式各样的猜测：

有人说统军的主帅是秦始皇，他已经埋葬在陵墓的地宫里了，所以俑坑内不需要也不能出现秦始皇的塑像；有的人说三号坑的西边百余米处有座古墓，墓的主人就是三号坑的统帅。但是这两种说法都存在着根本性的谬误，不能让人信服，所以直到现在这个问题还没有形成统一的定论。

三号坑的几何结构比前两个俑坑都要复杂，主要分为左、中、右3区。中区出土了一乘马车、铠甲俑22件。铠甲俑分南北向面对面排列在夹道两边。俑坑的右区（南区）有铠甲俑42件，分别位于前廊、俑道、前厅、后室这4个区域内，并且作面对面夹道式排列。铠甲俑手中握持有仪仗性兵器——殳。从这些铠甲俑的站姿和武器来看，三号俑坑就是指挥俑，也就是指挥一、二号俑坑军阵的作战指挥部。

未完成的四号俑坑

1976年的夏天，考古专家在一号兵马俑坑的中部北侧，二号俑坑和三号俑坑之间探测发现了一个没有建成的兵马俑坑，于是将其编号为四号俑坑。

四号俑坑位于一号坑的北侧并且呈南北走向。这个长方形的四号俑坑北边完整，南半部已被河水冲垮，坑内没有隔墙，也没有青砖铺地，没有木架结构，并且充满了淤泥和淤积的砂石。经过仔细的探测勘察，考古人员从中没有发现一个秦俑、陶马或其他陶瓷器物的踪影，更没有出土任何文物。其余3个坑为东西长，唯独此俑坑是南北长。

根据考古结果分析，这个俑坑是人工挖掘出来的，因为俑坑的深度和一、二、三号俑坑的深度相似。从俑坑的整体布局上看，有了四号俑坑，秦始皇兵马俑的布局才显得很完整。如果去掉这个俑坑，则显得3个俑坑不太和谐，有左重右轻之嫌。因此专家推断四号俑坑肯定是和一、二、三号俑坑同时挖掘的一组陪葬坑。

以上各种差异引起不少学者的疑惑，大家对于四号俑坑的终止原因和命名甚至内部结构等方面提出了合理的假设，多数学者认为：这个坑是未建成的四号俑坑，大概是俑坑快挖好时，秦末农民军进攻关中，工程被迫停止。理由是此坑的深度与一、二、三号坑的深度相同。

有的学者却认为已发现的一号坑为右军，二号坑为左军，三号坑为指挥部，唯独缺少中军，四号俑坑即是拟建中的中军。有学者则认为一号坑表现秦军列阵的情况，二、三号坑表现秦代军营及幕府的建筑结构和格局。古代的作战队形多作横排方阵，由此推论，四号俑坑该拟建成表现虎贲战士对敌作战的场面。

第五章 秦军的战斗力

公元前230年,一支来自西北的彪悍骁勇军队开始横扫天下。在10年时间里,他们南征北战,东征西讨,最终凭借着自身的强大军事力量吞并了所有的国家。正是这支军队,最终结束了华夏神州连绵500多年的战乱,第一次在神州大地上创建了一个大一统的国家——大秦帝国。

秦始皇究竟是凭借什么灭六国、统一天下呢?他的军队真如各种古书传说所描绘的那般英勇善战、势不可挡吗?接下来,就让我们带着这些疑问从下文中寻找答案吧!

冲锋陷阵的"敢死队"

兵马俑坑中,有一队士兵很特别。他们手持白刃格斗的刺杀类兵器,却完全不穿铠甲。在整个地下军团中,他们的形象显得十分特殊。这队士兵究竟是干什么的呢?

研究人员一直难下定论。一个可能的推测是:战斗中有一些极其危险的任务,基本上是有去无回，重赏之下，这些完全不考虑生死的人站了出来。这些士兵很可能就是敢死队式的"陷队之士"。

"陷队之士"最早见于《商君书·境内篇》。朱师辙《商君书·解诂》注曰："陷队，勇敢陷阵之士，即今之敢死队。"他们不仅不戴头盔，身上穿的铠甲也很简洁，铠甲上的甲片甚至减少到了最低限度。

主力步兵的甲衣只是护住前胸和后背，而站在最前边的弩兵部队身上一个甲片也没有。从俑坑里能看得出来，秦俑都是简装，他穿着的铠甲防护的面积并不大，都属于轻型的，和我们所了解的当时的秦国的重装部队正好形成一种明显的反差。

历史记录显示，自商鞅变法后，秦国是当时诸侯国中最富有的。《史记》上说："秦，带甲百万。"意思是说：有百万身披盔甲的军队。但眼前这支复制的秦军却让人大感意外。

到底是什么原因让秦国战士可以将生死置之度外，如飞蛾扑火般向敌人阵地冲锋陷阵呢？如果要了解这一真正原因，还得从秦孝公时期商鞅变法说起。

秦孝公时期的改革家商鞅规定：秦国的士兵只要斩获敌人的一个首级，就可以获得爵位一级、田宅一处和仆人数个。并且还规定，斩杀的首级越多，获得的爵位就越高；只要仗打得好就可以授爵，一旦授爵就有了土地，有了房子。这就是商鞅著名的军功授爵制度。

从2000多年前的秦国云梦县，一位名叫喜的法官的墓葬中出土的一些竹简上可以发现这一制度的真实情况。喜曾经三次从军，对军队的作战情况和赏罚制度非常清楚。喜在竹简中写道：如果一个士兵在战场上斩获两个敌人首级，他做囚犯的父母就可以立即成为自由人；如果他的妻子是奴隶，也可以转为平民。

对于重视家族传承的中国人来说，军功爵的最大优点就是可以世袭。如果父亲战死疆场，他的功劳可以记在儿子头上；如果一人获得军功，全家都可以受益。

秦人出身于大西北的草莽之间，与游牧民族混居。虽然秦人努力学习中原文明，但他们从未真正接受过中原中庸仁义的伦理道德。在秦人看来，尚武、杀伐是天经地义的，为了国家他们可以抛头颅，洒热血，前赴后继般出生入死。

《战国策》曾这样描述战场上的秦军："闻战顿足徒裼（脱去上衣，露出身体的一部分）犯白刃，蹈煨炭，断死于前者比是也。夫断死与断生也不同。而民为之者是贵奋也。一可以胜十，十可以

胜百，百可以胜千，千可以胜万，万可以胜天下矣。"

这句话翻译成现代文就是：他们光头赤膊，奋勇向前，决心死战，迎着敌人的刀枪，勇往直前，赴汤蹈火，在所不惜，几乎全都决心要为国家死在战场上。一个人决心要去战死，和决心要逃生是不同的。秦国人愿意去战死，就是由于重视奋战至死精神。一人可以战胜十人，十人可以战胜百人，百人可以战胜千人，千人可以战胜万人，万人可以战胜全天下。

可想而知，六国的军队对抗秦军，犹如以卵击石。在商鞅的著作中，军功授爵制度对一支"陷队之士"的部队规定了丰厚的奖赏：如果每队的"陷队之士"能斩获5颗首级，便封赏每人一级爵位。

如果"陷队之士"战死，其爵位可由家人继承。若有人畏缩不前，就在千人围观之下，处以黥面（古代在犯人面部或额上刺刻后涂以墨汁的一种刑罚）、劓鼻（古代割掉犯人鼻子的一种刑罚）的轻刑。

喜的竹简上还有这样的记载：秦军在战前和战后，都要大量饮酒。大碗的酒使血液循环加快、精神亢奋。所以当作战命令已经下达，战争即将开始时，他们心中就只有这样的选择：要么战死疆场，要么加官晋爵。在这种时刻，烈酒强烈的刺激性使所有的士兵只有一种强烈的念头，那就是奋勇杀敌，建功立业。

研究人员观察到了一个奇怪的现象，绝大多数秦军士兵的腹部都微微鼓起，这大概与长期喝酒有直接关系。再来看这些不戴头盔、护甲不多的秦军将士，似乎只有一个理由可以解释这种不顾性命的行为，过于沉重的头盔和护甲妨碍了他们杀敌晋爵。不仅如此，司马迁在《史记》中记载：战场上的秦军竟然袒胸赤膊，连仅有的衣甲也脱掉了。

这些陶土战士向后人传递的是秦人强烈的尚武精神。秦人有先进和强大的攻击武器，却不注重装甲，这是全军的规定，还是士兵的自觉行为？又或许是来自秦人好战本性的一种上下共识？在没有确凿的证据之前，依旧只能进行推测。

关于秦军的内部编制，兵马俑揭开的谜团只是冰山一角，更多的细节至今仍然无从知晓。在世界军事史上，秦军很可能最早建立了比较完备的军衔体系，其组织和管理已经很接近今天的军队了。这种等级森严、井然有序的体制使秦军的作战效率要远高于其他诸侯国的军队。

战车和乘御制度

秦俑坑中出土的大量铜车马不仅为我们展现了秦国军队波澜壮阔的画面，无形中还为我们揭示了当时的乘御制度。

秦始皇一生出巡5次，每次出巡都是显示秦朝乘驭制度的最佳范例。《史记·秦始皇本纪》中有这样的记载："天子所御驾六，余皆驾四。"这里所提的天子就是秦始皇。他乘坐的车为金根车，其后跟随的属车叫作立车、安车。根据《史记》中这段话来看，秦

始皇的金根车驾有 6 匹马，而立车与安车等属车只有 4 匹。可以看出，马车的乘御制度是要从各方各面、各个细节中凸显皇帝凌驾于所有人之上的尊贵。

细说秦始皇乘坐的金根车。金根车中的"根"字表"载养万物之根"之意，而"金"字就是字面意思——用金做装饰。用金子做马车的装饰，不论是当时还是现在，都可谓是顶级奢华享受。"金根车"这名字，在当时也只有皇帝的御驾才有资格用。《中华古今注》中对金根车有这样的记载："金根车，秦制也。秦并天下，因三代之舆服，谓殷得瑞山车，一曰金根，故因作金根之车，秦乃增饰而乘御焉。"由此看来，金根车是由秦始皇首创的。

目前发掘的俑坑中尚未发现金根车，只有驾有 4 马的立车和安车。不过，从立车和安车的豪华程度来看，金根车想必是更加富丽堂皇，奢华至极。

立车和安车即为属车，也称作副车、贰车、左车。属车虽不及金根车豪华，但因大多是朝中重臣所乘坐，也是极为豪华的，这从出土的铜车马中就可见一斑。一、二号铜马上使用了众多的金银装饰件，铜马的络头、缰、项圈、鞦等大部分都由金银制成，另外在衡的两端、轭的顶端和钩端、轮轴的轴端、轮伞部分的诸多弓橑之末也是银制的。

根据唐朝所著的《通典》的记载："自汉以来制，乘舆乃有之。有青立车、青安车、赤立车、黄立车、白立车、白安车、黑立车、黑安车、合十乘，名为五时车。"这里说的就是秦陵出土的铜车马。

铜车马是五时副车。

　　古人所谓"五方"，是指东、南、西、北、中5个方位，"五色"是指青、赤、白、黑、黄5个颜色。五方同五色相应，即东方青、南方赤、西方白、北方黑、中央黄。春、夏、季夏、秋、冬5个季节副车随行时，车马"各如其色"，立、安两车为组，五色具备，合为十乘，因此称作五时副车。在秦陵西边的车马坑中就有10辆青铜制造和木制的车，正好证明了古人的记载。

　　秦始皇的乘御制度旨在凸显皇帝的独尊，也展现了各阶级的尊卑不同。这一套制度对后世影响极深，后汉乃至之后许多王朝的皇帝都沿用、借鉴了这一乘御制度。

严格的军衔制度

　　秦始皇要管理几十万骁勇将士，并将他们训练得俯首帖耳，其中必然有一套严密的管理方法。严格的军衔制度和奖励制度就是一套比较有效的管理方法。

　　2000多年前，那是一个按出身、血统的贵贱来分配权力和财富的时代。秦人的军功授爵给了平民甚至奴隶向上攀升的机会。这种明目张胆地鼓励国人追逐功利的国家法律，在当时似乎只有秦人能够接受。在这样的利益驱使下，在秦军将士的眼中，敌人的头颅就是换取地位和财富的等价货币。对于千千万万的秦人来说，上战场不仅是为国家战斗，而且是通向财富和荣誉、摆脱贫困卑微地位的唯一出路。

　　秦人的军功爵位等级的规定是战国列强中最复杂的，商鞅制定的军功爵位由低到高整整有20级，这不禁让人联想到今天的军衔。军衔是军人荣誉的象征，使用军衔是军队历史上一个重要的转折点，标志着军队等级管理制度的形成。2000多年前的秦军是否已经实行了严格的军衔制呢？

军衔必须是可以识别的，仔细观察这支多年前的军队，他们的发式、帽子和装束都有很大的差异。这种差异跟军衔会不会有什么联系呢？考古学家们一直在寻找合理的解释。

军团最前面的三排弩兵，身穿便装，头发统一梳成一个上翘的椎髻。一些身穿铠甲的步兵却将头发梳成发辫，贴在脑后，大量的步兵则戴着那种麻布做的尖顶圆帽。从他们的位置和排列来看，士兵装束和发式的不同，并不是生活习惯差异所致，应该是爵位级别的标志。

专家推测，这些梳椎髻、穿便装的弩兵，很可能拥有一级爵位，他们是爵位最低的公士。身穿铠甲、梳着发辫或戴着圆帽的步兵应该是二级爵，他们的名称是上造。在这个巨大的俑坑中，公士和上造占了绝大多数，就是这些普通士兵构成了秦军的主体。

在两道隔墙之间，是一个独立的纵队，那个胳膊前伸、手握缰绳的是驾驭战车的御手。在兵马俑坑，所有的御手无一例外都戴着板状的牛皮帽子，铠甲也比普通战士的精致。

在战场上，御手直接主宰一辆战车的安全，他们的位置很关键。兵马俑坑发现以后，考古学家袁仲一曾提出了一个想法，一辆战车的指挥官，应该是御手，而不是像过去说的车左或车右。参照史书记载，御手的爵位至少在三级以上，他们很可能是秦军中最基层的军官，御手的权力是主管一辆战车。

仅仅一辆战车还无法构成一个作战单位，统领整个纵队的指挥官又是哪一个呢？在秦俑群中一个军官双手按剑、气势威严，帽子的形状十分独特。他的铠甲是所有秦俑中最精致的，甲片细小而规整。前胸和后背都有花结，这种花结的作用很容易使人联想到现代军官的肩章。经专家考证，这样的军官应该是都尉，爵位大致在七、八级左右，至少掌管一个纵队。

介于都尉和御手之间的还有一种军官，戴的也是板帽，但板帽的中间有一条棱。可能是军侯一类的基层军官，负责纵队所属的一个分队。

有专家认为，兵马俑是按照秦朝京师卫戍部队的原型制作的，他们组成的是一个完整的地下军团。士兵和军官各就各位、整装待发。

正是由于这种等级森严、军衔明确的统一管理，才使得政令畅通，军纪严明，从而能够"有令必行，有禁必止"。这样一群目标明确、行动一致的军队必然是一支"攻必克，守必坚"的虎狼之师，华夏神州完成大一统的任务，也必然有赖于他们去完成。

军功授爵制度

及至始皇，奋六世之余烈，振长策而御宇内，吞二周而亡诸侯，履至尊而制六合，执敲扑（古代的一种刑具）而鞭笞（chī）天下，威震四海。南取百越之地，以为桂林、象郡；百越之君，俯首系颈，委命下吏。乃使蒙恬北筑长城而守藩（fān）篱，却匈奴七百余里；胡人不敢南下而牧马，士不敢弯弓而报怨。

——贾谊《过秦论》

公元前221年，秦始皇统一中国，结束了华夏九州自春秋战国以来几百年分裂的局面。秦国可以灭六国，其原因是多方面的。主要的一点就是继秦孝公、商鞅变法之后，秦国在政治、经济、体制、军事等方面，适应了历史发展，国力大增。特别是秦国强大的军事实力，在统一战争中，横扫六国。秦军战斗力主要来源于秦国的先进管理制度。具有秦国特色的二十级军功爵位制度，在鼓励秦军士气，提高战斗力上发挥了重要作用。

秦二十级军功爵位制度"从低到高"：1公士，2上造，3簪袅，4不更，5大夫，6官大夫，7公大夫，8公乘，9五大夫，10左庶长，11右庶长，12左更，13中更，14右更，15少上造，16大上造，17驷车，18大庶长，19关内侯，20彻侯。

秦二十级军功爵位制度是商鞅变法的内容之一，其目的是在于提高秦军战斗力。为奖励军功，商鞅规定：凡行伍中人，不论出身门第，一律按照其所立军功的大小接受赏赐。即便是秦国的宗室也是这样。宗室未立军功者不得列入宗族的簿籍，不得拥有爵位。

秦二十级军功爵位制度使秦军作战能力大为提高，促使秦始皇建立了一支所向无敌、横行天下的虎狼之师。作为荣誉，军功爵位基本具备现代军衔的特点。秦军中，国尉、上将军、将军、裨将军、都尉、郎中、军侯等，都是军官职务名称。

商鞅规定：秦国的士兵只要斩获敌人"甲士（敌军的军官）"一个首级，就可以获得一级爵位"公士"、田一顷、宅一处和仆人一个。斩杀的首级越多，获得的爵位就越高。当然斩杀敌人的证据就是敌人的首级。军功奖励制度中还规定，打一次胜仗，小官升一级，大官升三级。

当然，在作战中有奖励就得有惩罚。相对于肢体惩罚的肉刑来说，秦国的行政惩处主要有贬职、夺禄、降职等几种惩罚，就是说在战争中表现不好的，甚至还有失职行为的官吏，国家可以依法降低其爵位。

由于秦国刑法严苛，实行轻罪重罚的严酷惩罚制度，惩罚的方法非常残酷。对于普通战士来说，如果犯了罪责，惩罚的方法各式各样，光死刑就有赐死、生埋、车裂、弃市、腰斩等残酷刑罚。更有甚者采取株连措施进行惩罚，就是说如果一队士兵中有一人犯法，那么所有士兵一起惩处，或是连同家属处罚。

秦始皇还在部队中设立专门管理处罚犯罪士兵的官员。比如廷尉就是掌管刑讼案件的高级官吏，负责审理军队中的违法犯罪案件。御史是监管检查军队的高级官员。军队外出打仗的时候，御史跟随同行，对军队的军事行动进行监视，并直接报告给皇上。秦始皇通过这些措施来加强军队管理，从而使军队牢牢地控制在自己的手中。

与贵族军官的饮食相比，普通士兵的生活质量就差得多了。喜的竹简上记载到这样的内容：在军中，爵位高低不同，每顿吃的饭菜甚至都不一样。三级爵位的军官簪袅可以吃到一斗精米、半升酱，

一盘菜羹。两级爵位的上造只能吃粗米,没有爵位的普通士兵能填饱肚子就不错了。

当爵位到了大夫这个阶层就可以享受 300 户老百姓租税的供养,如果军功杰出的话,可以享受 600 户老百姓的供养,并且可以豢养食客(自己的谋士与武士)。

秦代主要是以实物的形式向各级官吏发放俸禄。俸禄主要是以粟米形式发放。其计量单位为"石",粟米可以兑换布匹等东西。还有的时候,国君会发给一些官吏钱币、黄金等货币,但是这些贵重货币的数量很少,属于国君的赏赐,不属于正常俸禄。秦国以年为单位发放俸禄,叫岁俸。

现在就将秦朝当时的俸禄情况给大家做简单的说明,请看如下关于秦朝二十等官爵的名称以及相应的俸禄。

爵位	岁俸(石)
1 公士	50
2 上造	100
3 簪袅	150
4 不更	200
5 大夫	250
6 官大夫	300
7 公大夫	350
8 公乘	400
9 五大夫	450
10 左庶长	500
11 右庶长	550
12 左更	600
13 中更	650

14 右更	700
15 少上造	750
16 大上造	800
17 驷车	850
18 大庶长	900
19 关内侯	950
20 彻侯	1000

由于年代久远，古籍中也没有相应的详细记载，所以研究秦朝的专家学者对秦军的详细情况无法进行深入的了解，是否还有可以识别的军衔标致也不得而知。然而到了20世纪70年代，秦始皇陵兵马俑的发现，成为这一方面研究的宝贵资料。

二十级军功爵位制度顺应了历史潮流，是当时奴隶制度向封建制度转变、发展的产物，是社会生产力发展的要求。二十级军功爵位制度是封建制度下，俸禄制取代世禄制的产物。这是中国历史上第一次将官员等级评定建立在其客观贡献的基础上，在当时是具有先进性与民族性的。

不过在秦统一天下之后，以军功选拔官员的方法，其积极意义已远不如统一前了。强化武夫当政的制度，对于要完成统一天下的任务是必要的。但在统一之后，社会基本安定，就需要有善于治理国家、发展经济的人才了。如果还是照搬过去的办法，只重视武力，从军人中选官，按军功定级，使大量能征惯战的军人担任各级官吏，只会激化社会矛盾，秦代残暴害民的名声与此是有很大关系的。

二十级军功爵位制度凝聚了祖先的智慧。不论在秦和汉时期，它都激励着人们建功立业。这也是秦始皇陵兵马俑带给我们的巨大震撼与钦佩感的原因之一吧。

质量的追查制度

"物勒工名"是一种春秋时期开始出现的制度，指器物的制造者要把自己的名字刻在上面，以方便管理者检验产品质量。勒，可以理解成刻的意思，物就是所有的器物，在器物上面要刻上制造者的名字。

春秋初期，齐、晋、秦、楚等国规定：制造产品，要"取其用，不取其数"。就是说原材料选择、制造程序、加工方法、质量检验、检验方法等，都要按统一的标准和规定进行生产，以保证产品的质量达到国家标准。这是世界上关于"标准化"的最早构思。首先提出用"物勒工名"质量负责制对产品质量进行检测监督的人是春秋时期秦国宰相吕不韦。

经过4年多的不懈努力，吕不韦率先在秦本土实行了"物勒工名"的质量考核管理制度。制度规定：国家于每年10月份由"工师效工，陈祭器……必功致为上，物勒工名，以考其诚。工有不当，必行其罪，以穷其情"的方法，对各郡、县工业产品进行质量抽验的制度。同时，还将各郡（省）县制造工业产品用的衡器、容器等，由"大工尹"（相当于今天的机械部长）统一进行年审。凡不符合标准的，不得使用，以保证产品质量达到合格。

这项制度规定，在对产品质量年审时，除要求每件产品"做工考究，工艺精湛"外，还要求生产者在产品上打上自己的姓名。如发现产品质量低劣，坑害了使用者，由负责检测质量的质量检测工程师写出鉴定结果，提出对责任者惩罚的建议，责令查明原因，制定改过措施。

吕不韦在他编纂的《吕氏春秋》上明确地提到了"物勒工名"，详细地解释说：器物的制造者要把自己的名字刻在上面。正是由于吕不韦颁布实施的"物勒工名"的质量管理制度，才使得埋藏在秦始皇陵兵马俑坑中的珍贵文物得以留下它的踪迹。所以秦始皇陵兵马俑坑中那些看似普通的文字对于历史学家来说是研究秦国军事工业的管理机密的重要资料。

在秦始皇陵兵马俑坑中的一个打碎的秦俑身边，考古人员发现了一把未见生锈、光亮如新的铜戟。这把铜戟是由一根矛头和一个戈头组合而成的，并且顶端套有类似皮革一样的护套。铜戟连同套在其上的长柄共长2.88米，朽木上还残留着淡淡的漆皮与彩绘，铜戟末端安装着铜墩。从外形上可以断定，这是一把典型的秦代铜戟。

考古人员在研究过程中惊喜地发现，在戟头的内部清楚地刻着"三年相邦吕不韦造，寺工詟、丞义、工窵（读作diào）"这样的珍贵铭文。铜戟以及铭文的出现使考古人员精神为之一振，使他们从迷惘与疑虑中突围出来。这一发现，终于可以充分说明物勒工名在秦始皇时代的普及程度。因为当时就算是"一人之下，万人之上"的秦国宰相吕不韦也得遵守这一制度。

吕不韦作为秦国宰相，是兵器生产的最高监管人、督造者。他的下一级是"寺工"，就是当时秦国制造兵器的中央管束机构，相当于国家兵器管理局。管理局局长被称为"詟"。詟的下一级是一个叫作"丞"的机构——专门负责兵器制造，其实际负责人类似于现在的兵工厂生产车间的主任，被称为"义"。义的下一级是负责亲手制作兵器的工匠，被称为"窵"。

如果产品的质量出现失误，就可以这样一级级地往下类推，直到最后追查到直接责任人。这样的好处就是可以明确责任，从而避免了出现产品纠纷的时候，当事人双方互相推诿责任现象的发生。

专家由此推断得出这样的结论，秦国的军工管理制度分为四级。从相邦、寺工、丞到一个个工匠，层层负责，任何一个质量问题都可以通过兵器上刻的名字查到责任人。虽然无法知道管理的细节，但秦国的法律对失职者的惩罚是非常严酷的，这就是物勒工名的用意。

物勒工名制度，是中国封建社会早期阶段手工业生产管理模式的具体反映，对提高手工业产品质量有重要意义。严格的责任生产制度，必然会对产品的质量牢牢把关。这样的责任追究制度，必然使不法分子"以假乱真""以次充好""短斤缺两"等不负责任的非法制造、生产、销售手段无法实施，从根本上保证了广大消费者的切身利益。

在秦始皇陵兵马俑坑中出土的秦俑、陶马身上的隐蔽处发现了一些带有戳印或刻写的名字。经过考古专家研究鉴定，这些名字是秦俑艺术的创造者——那些富有实践经验的优秀陶工的名字。这也很好地说明了"物勒工名"的管理制度被推广于各个领域。目前发现的陶工名字大致可以分为4类：

第一类是在人名前冠以"宫"字的，如宫疆、宫得、宫潮等，这表示他们是在一个叫作"宫司空"的官署机构所管辖的陶作坊中

工作。

　　第二类是在人名前冠以"右"字或者"大"字的，如右衣、大匠等，其中在"右"指的是中央官署右司空的意思。"大匠"表示管理宫室、负责土木工程的"将作大匠"（古代负责宫室、宗庙、陵寝等的土木营建的高级官员）的意思。这代表着那些烧制秦俑的工匠都属于"右司空"或者"将作大匠"管辖。

　　第三类是在人名前加上一个地方名，如咸阳衣、咸阳危、咸阳野等等。秦代的首都是咸阳，这种表示方法就代表着那些叫作衣、危、野的工匠来自于咸阳这些地方。

　　第四类是直接冠以人名，如王、赵、车等。这类比较简单，表示他们属于地方的制陶作坊，被官府征召来制作秦俑。

　　当然，能在兵马俑上留下制作这名字的人，基本上都是制作秦俑的组织者和技艺的指导者，古人称之为"工师"。他们每人下面都带有一批助手和学徒工，粗略估计至少有数百人，甚至上千人参加了兵马俑的制作。集合如此多的人从事这么一项高标准、严要求的艺术作品创造，在中外雕塑艺术史上都是十分罕见的。

第六章 兵马俑的艺术魅力

在艺术构思上，秦始皇陵兵马俑成功地为我们展开了波澜壮阔的画卷。看到的那一刹那，我们仿佛回到了2000多年前，眼前是7000个手持戈、矛等寒光闪闪的兵器的武士斗志昂扬地肃然伫立；牵引战车的4匹战马昂首嘶鸣，攒蹄欲行；骑兵的战马奋鬃扬尾，跃跃欲战。千军万马凝聚着气吞万里、睥睨天下之势。

秦始皇兵马俑为我们展开了波澜壮阔的画卷，散发出无与伦比的魅力，让人不得不赞叹中国古代劳动人民的智慧与精湛的艺术成就。

秦俑雕塑溯源

要研究秦俑雕塑艺术，就要了解它的历史。中国的雕塑艺术由来已久，可追溯到原始社会。

原始社会的雕塑，大致可以追溯至公元前4000年以上。原始社会是中华文明的孕育时期，也是中国雕塑传统的孕育时期。原始社会的陶器和石器制作拉开了中国雕塑艺术史的帷幕，造型多样的陶器，为中国雕塑的多向性发展奠定了基础。生活在中华大地的原始先民通过双手将他们真实的感受、虔诚的信仰融入一件件的雕塑作品中。通过这些作品，我们能够深切感受到那久远逝去的原始社会的朴拙与智慧。

中国迄今发现的最古老的人像雕塑，是新石器时代的物品。从地域上看，黄河流域和长江流域一直是出土原始社会人像雕塑最多的地区，另外辽宁西部的红山文化遗址，也有很多引人注目的发现。从作品质料来看，陶塑作品所占比重最大，石雕与骨雕仅有少量出土。陶制品是中国原始雕塑的最初形态，它们都具有实用价值。

原始社会的雕塑，都是运用艺术手法，把当时生活中最常见的形象体现在日用器皿上，生动自然地体现对象形体动态，是原始人类把长期的生活观察和美的创作意识相结合，创造出来的具有实用的价值的象形器物。

原始先民把观察和感受到的形象如实地雕塑出来，说明了艺术源于生活这一事实，体现了他们在力所能及的范围内，发挥艺术才能进行创作美化生活的愿望。他们对泥土的性质、烧制温度也有了较深理解。艺术与器物结合的雕塑手法赋予了实用景物以新的生命，有浪漫主义情调，但这一时期的雕塑不可能呈现波澜壮阔的气势，只能是艺术长河的源头。

总的来说，原始社会的雕塑体量较小、拟形的实用器物占有相当比例，这说明雕塑还处于实用器物的附属地位，到后期出现了越来越多的独立的单体雕塑品。

从造型风格上讲，原始社会的雕塑表现出一种质朴清新的风格，是一种质朴、原始的写意风，是原始先民将生活中的所观所感给予的最真实、最直观的记录，是完全感性的产物，而造型技法也尚不成熟。经过多年的发展，秦俑雕塑已成为体量大、数量多的完全独立的雕塑作品。其造型风格写实严谨，注重理性分析，讲究法度，在技法上也纯熟、复杂得多，与原始雕塑的质朴、稚拙有所不同。

东西方雕塑的不同

秦代兵马俑雕塑与希腊古典时期的帕特农神庙的雕塑相差200多年，两者都是各自文明进程和雕塑艺术发展过程中的重要代表和写实性雕塑的优秀范例，造型上均以对描摹对象的逼真再现为主，但是由于不同的文化背景，以及不同的艺术表现效果、具体形体的处理方法、再现手法，从而表现出东西方美术各自所独具的魅力。

为了更好地研究兵马俑的雕塑艺术，下面就将兵马俑雕塑艺术和希腊的帕特农神庙雕塑在艺术方面进行对比、分析。

从雕塑创作目的看，秦代兵马俑与古希腊帕特农神庙雕塑都是在为各自的信仰目的而服务。不同的民族生活习惯、文化习俗和宗教信仰培育了不同的审美方式，也使他们选择了不同的创作题材和表现形式。但是作为陵墓陪葬的兵马俑雕塑也是一种有特殊意义的建筑装饰。

而帕特农神庙的雕塑摆放是根据建筑空间环境而建造，主要作为建筑装饰的一部分。希腊雕刻与建筑是骨与肉的关系，希腊建筑未曾脱离雕塑而独立建造。所以说秦始皇陵兵马俑与帕特农神庙相比，相同的是两者都作为建筑"装饰"的一部分，而明显不同的是，帕特农神庙的建筑是为彰显活人的神采而产生的，秦始皇陵兵马俑是为体现死人的威严而创造出来的。帕特农神庙是民众宗教活动的神殿，秦始皇陵兵马俑是寄居亡灵的地方。

从雕塑造型上，秦俑简单的身体变化造型与古希腊的气势外扬的造型形成鲜明的对比。中国的秦俑更强调面部造型语言，古希腊则更强调肢体语言。对于人体重要的面部表情，希腊雕塑保持了一种近乎千人一面的平静。希腊的雕塑家认为强烈的身体动势才是更好的表达方式。

从雕塑空间看，秦始皇陵兵马俑雕塑显露出个体空间上的单一性和整体的协调性，而古希腊雕塑表现出复杂多变的空间概念。秦代兵马俑和古希腊帕特农神庙都是时代的重要艺术表现形式，并且都结合自身客观因素，创造出独特艺术风格。

两者都采用了以人为主体的艺术表现主题，并且都很好地运用了现实主义的创作方法，将雕塑的写实艺术推向了一个历史的高峰。

从写实风格上看，秦兵马俑严格地模拟实物，力求与实物相似。写实就意味着对解剖的运用，民间画工所说的"立七坐五盘三半""横五眼，竖三庭"等绘画技巧就是这方面的体现。

其中"立七坐五盘三半"意思是说：人站立的时候身体的长度等于7个头的长度，坐着的时候身体等于5个头的长度，人盘腿而坐的时候身体等于3个半头的长度。

从发际线到眉间连线，眉间到鼻翼下缘，鼻翼下缘到下巴尖，这上、中、下三部分恰好各占1/3，这就是所谓的"三庭"。而"五眼"是指眼角外侧到同侧发际边缘，刚好是一个眼睛的长度，两个眼睛之间也是一个眼睛的长度，另一侧到发际边是一个眼睛长度。只有符合这样的标准的人物形象看起来才具有美术上所说的美感。

而与之相对应的古希腊的艺术，则更集中表现在骨骼与肌肉的刻画上，雕塑家的创作更主张对现实进行写生。这种写实当然不是单纯地模仿现实，而是在现实的基础上使人物造型和刻画更加完美。古典时期已经提出了头部与身体1∶7甚至为1∶8的黄金比例，由此可以看出古希腊雕塑所追求的正是一种程式化和理想化的美。

总之，秦代兵马俑雕塑和古希腊帕特农神庙雕塑作为一个时代的代表和典范，所涵盖和涉及的文化，对当今雕塑创作有着直接的指导意义。当然，正如世界上没有两片完全相同的叶子，中国古代的秦朝以现实人物为模型的雕塑和古希腊以神话故事为题材的雕塑的差异性正好诠释了中西文化的差异性，并由此造成了艺术星空中不同星座之间的星光璀璨，交相辉映。

兵马俑与帕特农神庙雕塑有着截然不同的理念，但这源于二者对客观世界的各自的理念。殊途同归，虽然理念不同，但都通过努力完成各自特有的造型形式，完成了举世无双的雕塑作品。

在这里，用美国著名诗人爱德伽·爱伦坡的《致海伦》中的一句诗来表达对东西方艺术文化魅力的崇敬之情："光荣属于希腊，伟大属于中国"。

形象的艺术表现

身体发肤，受之父母，不敢毁伤，孝之始也。

——《孝经》

秦始皇时期，人们对头发、胡须和眉毛非常重视，往往把头发的式样看成是一个人身份、地位的象征。成书于秦汉时期的《孝经》明确表示人身上的头发、胡须都不能任意毁坏、剪裁。我们可以从秦俑的发型中看出秦人对头发的重视和讲究。他们把头发梳理得整整齐齐。那个时期的发髻有圆髻和扁髻之分，发辫也是各式各样，这些都真实地反映了当时人们的形象。

秦始皇陵兵马俑坑中的轻装步兵俑和一部分铠甲俑，都在头顶的右侧绾有高大的圆形发髻，在后脑梳一根3股小辫，这3根小辫相互交叉盘结在后脑，交接处有的别着白色方形发卡，发髻上扎着发绳和发带。

圆髻的形状远看大体上相似，近看就可以辨别出各种不同的变化，有单台圆髻、双台圆髻和三台圆髻之分。秦俑发辫的盘结形式多种多样，以十字交叉形和枝杈形数量最多，发辫在后脑盘结，既美观又起着束发的作用。

扁髻是军吏俑、御手俑、骑兵俑和部分铠甲俑头上绾结的发髻。扁髻多作6股宽辫形，它的绾结方法是：把全部头发梳理后拢于脑后，编成6股宽辫，再把宽辫折叠成长方形反贴在脑后，在宽辫的中部别上一枚白色方形发卡，发卡背面有两条细绳，把宽辫紧紧地固定在脑后的发层上。

秦人不仅对头发十分钟爱，对胡须也非常重视。秦汉时，一般成年男子都留胡须，只有犯了罪才剃须。秦俑坑出土的武士俑，除了个别的没有胡须外，大部分都有胡须，而且样式很多，有的是络腮胡，有的是长长的胡须，还有的是八字胡等等。这些胡须的样式是秦代雕塑师们对现实生活进行概括所提炼出来的，并且适当地加以夸张，赋予人物多姿的形象和鲜明的性格。

从每一件秦俑的面部和所留的胡须形状来看，留哪一种胡须，都是与年龄、性格和社会风尚有关系的，也影响到俑的面貌、神态

和性格。比如，年轻的多留短八字胡须、平直形胡须或者不留胡须，显得更加年轻和举动敏捷、干练；年龄较大和面孔严肃的，多留下垂形胡须，显得更加庄重、威武；面貌强悍的，多留上翘形胡须，显得更加剽悍。秦俑的面部轮廓，以"目"字、"甲"字和"国"字形最多，以"申"字和"由"字形最少。

此外，还有"用"字、"田"字形等脸型，这种现象说明秦人和现代人的面部轮廓基本相同。秦俑的面貌，也有美、丑、胖、瘦、年轻、年老、常见脸型和罕见脸型的区别。如果仔细观察，也可分出喜、怒、哀、乐等情绪，可谓形神兼备，刻画精细。

秦俑的五官，除了耳朵是预先制好后粘贴到面颊两侧的以外，其余都是经过精心雕刻的，尤其是眼睛的刻画尤为精致。眼睛是心灵的窗户，不同的眼神流露出不同人物的内心世界。所有秦俑的眼球都是仅雕刻出一个微微的凸面，然后再以彩色点染，绘出白眼球黑眼珠。由于时间久远，大部分秦俑眼球上的色彩已经脱落，只有

极个别的颜色鲜艳如新，我们从中还可以领略到原来眼神的风采。秦俑的眼睛绝大多数是较厚的单眼皮，双眼皮极少，这与关中秦人的实际情况基本吻合。

秦俑身上的衣服，可以分为上衣和下衣两大类：上衣有长衣、短衣、褶衣、中衣、内衣等；下衣有裤、裹腿、护腿等。大多数秦俑都穿长达膝部的长衣。高级军吏俑穿的长衣为两层，中级和下级军吏俑以及一般战士穿一层长衣。长衣的基本特征是：衣领相交，右领压在左领之上，双襟宽大，几乎把身体包裹两周，长度达到膝盖或膝下。

短衣的样式和长衣基本相同，就是长度比长衣短了一截，衣的下摆仅盖住臀部。褶衣是骑兵俑的服装，衣长到膝盖，衣领相交，袖长到手腕，袖口窄小，腰系皮带，领、襟和袖口都镶着彩色花边。高级军吏俑穿内外两层长衣，内层的长衣就叫中衣，颜色多为大红，与外衣的颜色形成鲜明对比。

秦俑下体都穿裤，裤有长裤和短裤两种。长裤又叫大裤，裤筒长至脚腕，把腿全部包裹在裤管内，裤脚紧紧束住脚腕，主要见于高级和中级军吏俑。步兵俑和车兵俑基本上都穿短裤，短裤的裤管较短，只能盖住膝部。

秦俑中的轻装步兵俑和一些身穿铠甲的重装步兵俑，小腿部分扎着裹腿，就是用条带形的布条由脚腕向上螺旋形缠裹到膝盖下，上端用带束扎。另外，有一部分步兵俑和御手俑的小腿上都套有护

123

腿，其质地厚重，里面好像包裹了棉絮，可以用来防御箭头、戈矛伤害腿部，是一种卫护身体的防护装备。

在秦俑坑中，还有一部分俑的身上披有铠甲。这些披铠甲的武士俑威武健硕，再现了秦代武士的标准形象。武士俑身上的甲衣采用浅浮雕的艺术手法刻成，形象逼真，甲片的大小、叠压顺序以及编缀方法，都十分清楚。由于俑的大小和真人相似，所以甲衣的大小很接近于实物，这是研究秦军防护装备最珍贵的资料。

从武士俑身上的甲衣来看，不同的兵种有不同的甲衣：骑兵的甲衣短小，双肩没有遮护的甲胄。这种短小灵便的甲衣，非常适合骑兵进行骑射。御手俑的甲衣比较长，特别是一般战车上御手俑的甲衣，脖颈上有颈甲，手上有护手甲，肩甲更为特殊，长及手腕，腿部还有护腿，几乎全身重要部位都在甲衣之内，在秦军中是防护装备最好的。

此外，秦俑的职位高低不同，甲衣的样式和装饰也不同。军吏俑与一般武士俑的甲衣有着明显的不同，高级军吏俑的甲衣前胸和后背有几朵彩带花结，胸和腰部以下嵌缀鱼鳞片状的小甲片，甲衣边缘绘有精致的几何形图案花纹；而步兵俑的甲衣都是用比较大的甲片编缀而成的，有肩甲，但甲衣上没有任何装饰。

　　秦俑被埋入地下之前，身上都绘有鲜艳的色彩，但经过2000多年的侵蚀，出土时色彩大部分已经脱落，仅留下残迹。个别秦俑的身上残存的颜色比较多，色泽如新。总的看来，秦俑的服装没有统一的颜色，只以浅绿、朱红、粉紫、天蓝这4种颜色为主要的服装颜色。军队官兵、政府官员、宫廷内养马喂兽的仆役人员的衣服颜色没有明显的区别，军队中各兵种也没有专有的服装颜色。

写实的艺术风格

　　秦始皇陵兵马俑是写实性的优秀艺术作品，这是国内外专家一致的意见。在构图上它模拟军阵的编列；在艺术表现形式上，给人的第一个强烈印象就是高大、数量多、真实，8000件和真人、真马大小相似的秦俑、陶马，一列列、一行行排列有序，场面壮观，气势磅礴，呈现出一种崇高的艺术境界，令人震撼。

从局部观察，每件作品都是经过精心雕琢，极力模拟实物制造而成的，其严格的程度令人吃惊。例如，秦俑、陶马的高低以及战车的大小和各部分的比例，都尽力按照实物的真实尺寸制作；武士俑的铠甲，甲片的大小、叠压关系和编缀方法，与真实的甲衣完全相同；武士俑手持的是实战用的兵器；俑的服装、冠履、发型，都接近真实；队列的编制组合，也合乎兵书上的规律，这都是秦军真实的写照。

秦俑艺术的一个显著特征，就是重视传神，工匠们能够抓住不同身份、不同人物的性格特征和精神面貌着意刻画，塑造出多种多样的人物典型。如将军俑的形象是身体魁梧，巍然伫立，有非凡的神态和威严的魅力。有的面型修长，一把长须，显得稳健风雅；有的胡须飞卷，目光炯炯，表现了威猛的气势和豁达的性格。

一般战士的神态更是多种多样，有的眉宇凝聚，显得意志坚定而刚毅；有的五官粗犷，性格憨厚淳朴，有的舒眉秀眼，性格文雅；有的注目凝神，机警聪敏；有的神情肃穆、稳健；有的眉宇舒展，带着天真活泼的稚气。秦俑中也有通过一定动作的塑造，来揭示人物精神面貌的，如立射俑，左腿前弓，右腿后绷，左臂伸张，右臂弯曲高举，那严肃认真的神态，逼真而生动。

秦俑艺术的一个突出特征是写实的艺术风格。在整体布局上模拟秦军的编列，队伍严整。整个庞大的地下军团，雄伟壮观，气势磅礴。

在构图思路上，它不是塑造秦军正与敌人英勇格斗的场面，也不是一般常见的车马仪仗的出行，而是捕捉了严阵以待、整装待发的情景。数千个手持实战兵器的武士俑肃然伫立、斗志昂扬；战车的四马已驾，攒蹄欲行；骑兵的战马奋鬃扬尾，跃跃欲战。这一切给人的强烈感受是"势如扩弩，节如发机"。只要一声令下，就将"若决积水于千仞之谿"，汹涌澎湃，触之者摧。那十百为群、百千成阵的千军万马，凝聚着摇山撼海之力，是秦人信念、力量和进取精神的体现。

这种模拟三军的宏大构图，在中国和世界雕塑史上都是十分罕见的。它把2000多年前秦军的风采展现在人们面前，人们自然而然地会联想到秦始皇那"振长策而御宇内"的伟大气魄，以及秦军叱咤风云、统一中国的宏伟业绩，具有纪念碑式的宏阔意境。

同时，秦俑在局部处理上极力模拟真实，追求与实体相似。战车的形制、结构和大小尺寸，都与真车没有差异。车前驾的四马，马的络头、衔镳（读作biāo）、鞿辔等驾具齐全；每件秦俑都经过精雕细刻，俑的甲衣、冠履、服饰和发型发式等，都与实物一样逼真；连鞋底纳的针脚的疏密分布，甲片编联的针脚、发绳和发带绾结的来龙去脉等细枝末节，都一丝不苟，与实物相同。

俗话说：

127

"画人难画手,画马难画走。"秦俑双手的塑造惟妙惟肖,手掌肌肉厚薄的变化,指节的粗细、长短和纹理的表现,都酷似实体。由此可以看出秦代的雕塑艺术家的工艺水准和构思达到何等高超的地步。

秦俑个体的塑造带有一定写生性、肖像性的特征。但这种写实性与西方写实主义的作品不同,它带有一定的主观性和写意性。例如秦俑躯干的塑造,手法比较概括,求其形似;秦俑胡须的雕刻,不是追求毛根出肉的真实,而是形、神的逼真。

写实是中国泥塑固有的风格。远在原始社会后期的新石器时代,就有许多写实主义的优秀作品。秦俑雕塑艺术继承了这一传统并发扬光大,提高到一个崭新的高度。

秦俑艺术的另一个突出成就是大面积地展示了中国人的形象美。秦俑的作者抓住不同身份、不同人物的性格和面貌特征,塑造了多种多样的人物典型。就秦俑的面型来说,有国字型、田字型、目字型、甲字型、由字型、申字型、风字型等各种不同的面型,中国人所有的脸型在秦俑中都有体现。而每一型中又多彩多姿,千人千面,个性鲜明。

这些秦俑面谱中既

有中原地区汉人的形象，又有西南及西北地区少数民族的形象。有的俑面庞为长方形，阔额宽腮，五官粗犷性格淳朴憨厚，一望便知是关中秦人的典型形象；有的俑有一张方正的田字形面庞，五官清秀，神态机敏、睿智，似来自巴蜀地区的士卒；有的容颜浑厚，宽宽的额头微向后缩，高颧骨，宽耳轮，结实、强悍，具有陇东人的特征；有的高鼻梁，高颧骨，络腮大胡，好像来自西北地区少数民族士卒的形象。秦国军队的战士主要是关中地区的秦人，同时也有来自其他地区的，秦俑的造型再现了这一历史真实，展现了各族人民的形象美。

譬如有的大头阔面，容颜浑厚，性格淳朴憨厚，额头上的皱纹似又表明是出身卒伍、久经战场锻炼之将领；有的体魄健壮，立如铁塔，神态英武；有的身材修长，五官清秀，性格文雅；有的为年轻的小战士，圆润的面庞，眉宇舒展，带着天真活泼的稚气；有的额头已有皱纹，神情肃穆、稳健。

数千件武士俑，就像有血有肉的活生生的人物，难以一一描述。

中国著名艺术家王朝闻先生说：这些秦俑"越看越觉得人物的神态很不平凡——在严肃中显得活泼，在威猛中显得聪明，在顺从中显得充满自信等等引人入胜的个性特征"。

大型群塑如何避免千人一面的弊端，这是古今中外雕塑家最难解决的一个问题。8000件兵马俑群塑却突破了这一难关。千人千面，可以说是雕塑艺术史上的奇迹。面对秦俑艺术，有几点引发我们的思考：

第一，过去人们认为西汉霍去病墓前的石刻是中国写实雕刻启蒙时期的作品。面对秦俑群塑这一比较成熟的写实主义作品，这种

看法是否还能够成立？另外，以往有人认为中国的雕塑在古代没有写实能力，只能搞得很粗犷，只能是那么一种古拙的风格。面对秦俑的发现，这一论断是否需要重新检讨？

第二，以往人们认为中国的雕塑艺术是在南北朝时期受佛教造像的影响发展起来的。在秦俑艺术出现以后，这种观点是否应作修正？其实正是因为中国的雕塑已有深厚的根基，外来的造像风格才能很快地被吸纳变成自己民族的风格，从而促进雕塑艺术的发展。一个没有自己民族深厚文化艺术底蕴的民族，只能被外来文化所征服。

第三，关于雕塑发展取向问题，台湾学者陈英德先生说："近半个世纪来，由于西方艺术的冲击，使大家似乎只习惯于希腊、罗马……的雕刻美，而对于以汉族形象为中心的美似乎丧尽了信心。这些武士俑正把汉族形象的美，作了一次大面积的展示，使我们得到一次反省和学习的机会。"

如果一个民族的形象，在艺术作品的表现过程中被另外一个民族的形象所取代，那实在是一个民族自信心沦落的最大败笔，说来

也是最令人悲哀的事情。每一个民族都有自己民族的形象美，在吸纳外来文化的过程中，应注意自己民族风格的继承与发扬。

第四，以往由于资料的匮乏，在学术界形成一种传统的看法：认为秦王朝国运短暂，在文化艺术方面缺乏新的建树。秦俑辉煌艺术的成就，是对这一传统观念的修正。

俑坑内的秦俑、陶马都是以手塑为主，俑头和马头曾借助木制模型制成粗胎，再经细部雕饰。然后将其放入窑焙烧，出窑后通体绘彩。成型的工艺流程亦采用自下而上的逐步叠筑法。烧成的温度约为1000℃，涂饰颜色前先涂一层生漆作底，面部及手足平涂粉红色，短裙上彩绘精致的图案花纹。所用的泥土为当地的黄土，经淘洗去掉杂质后再加石英砂调和而成，使秦俑不致变形或倒塌。

以形写神的造型艺术

秦俑在造型上同希腊雕塑对体、面的不同侧重刚好相反。秦俑的躯干、四肢显得僵直紧张，身躯肢体缺乏动感。这种状况主要原因在于雕塑造像是按兵种、阵势的临战队列创作，整齐一律成为整体结构的最高要求。

而"整齐一律"的美学特点是"外表的一致性"，说得更明确一点，是同一形状的一致重复。

这就是说，秦俑是始皇帝的"地下大军"，整齐一律的总体要求决定了单个造像之间最大程度上的一致性和重复性。要做到这一点，必须以静制动。如果个体形象的四肢任意舒展、扭曲、自由，就会造成凌乱的效应。

所以，秦俑的总体设计师和营造者颇费苦心地让兵俑都穿着厚重的棉衣，双臂基本紧靠两侧胸，只有小臂和手按执武器稍稍放开，从而给人一种僵直紧张的感受，也因此使人感到造型上的模式化和

程式化。

　　正因为如此，若要表现俑人的真实、逼真的生动性，只能把"生命之气"集中通过面部来显现。秦俑头部的丰富多样性、生动性和造型上的逼真性，神态气度的意象化等都给人留下了非常深刻的印象。

　　就秦俑的面形而言，经专家们反复观察，认为可分为8类。其中每一相同面形中的俑人，其五官细部又各不相同，不同面形的俑人其五官又有较大差别，这就造成了"千人千面"，避免了"千人一面"的死板气息。秦俑艺术家着意于表现俑人的个性和生命之气，甚至采取夸张、变形的意象手法来传达面目的生动，从而形成了总体上的整齐一律，个体面目动态上的千变万化，这正符合多样化的统一的审美原则。

　　在古代雕塑史上，格外注意人物面部特征与表情神态的人物雕像是罗马的雕塑家。罗马雕塑从总体上继承了希腊雕塑的原则和技法，在人物的面目和表情神态的生动表现上很接近罗马特点，但不是技巧手法上的接近，而是追求面相的生动性和个性的审美追求上的接近。

德国学者汉夫勒判定秦俑与罗马雕塑的相似是技法、风格上的相似，实则不然。它们只是审美追求上的相似，即注重人物面部的逼真、生动上相似。应当指出的是，秦俑对人物面部的个性化、生动化追求是对中国人物造型传统的继承和发展，而不是学习希腊罗马技法风格的结果，更不是希腊罗马的西方画家雕塑家之类来中国进行的创造。中国原始先民对于人体各部分的观察认识，从来就不是平均对待的。他们不像西方艺术家一样将注意力放在人体的黄金分割点上，而是把注意力放在头部，特别是五官部分，把刻画面部神情作为表现人物形象的重点，这可以认为是中国美术史重视传神的优良传统的开端。

秦俑与希腊雕塑本质上都是写实的，只不过写实的方法不同。本质上也都是对现实生活的再现，只不过再现的风格不同。就风格而论，秦俑趋向于意象化，营造者的主观寓意成分较强烈；希腊雕塑则趋向于理想化、典型化、更追求普遍性的范式化。在艺术对现实的再现方法上，由于各自继承的传统的路子不同、风格不同、方法不同，所以，表现出来的美学特征也就有区别。

与希腊罗马的欧洲传统的模仿方法、写实方法完全不同，中国传统的绘画、雕塑反映和再现现实的模仿法，不是写生、直接模仿。中国艺术家很少，甚至根本不用再现对象，面对面地写生、模仿、创作。中国古代艺术家采用的写实方法是从原始艺术的写实传统中继承、发展而来的。这种传统的写实方法就是延迟模仿法。

所谓延迟模仿法是指眼前的模仿对象消失后而进入的模仿。它依靠发达的视觉辨别能力和敏锐的感觉记忆力,来提供对象的形象特征信息。延迟模仿往往是抓住对象最根本、最鲜明的特征加以主观加工后的再现。

运用延迟模仿法描绘出来的形象,既是写实的,又是表意的——形象缺乏严格的准确性和比例关系,甚至走形。但在这种形象上往往由于作者多有主观的理解、寄托而显得主观性较强,形象也往往把某些特征突出、夸大,使形象呈现出"似与不似""似真非真"的特点。所以可以说延迟模仿是原始艺术的根本模仿方式。

原始洞穴壁画、岩画都是在动物实际上不可能存在于眼前的情况下,凭借记忆中的知觉表象复现出来的。阿恩海姆指出"原始人观察事物时的敏锐性以及他们的记忆能力,都大大超过了某些更先进的文明人。"延迟模仿是原始绘画、雕塑的根本方法,从而形成了人类艺术的最初的"传统"。

中国和东方艺术继承了原始造型的延迟模仿的路子，不直接面对对象描摹，往往是"观之于目，了然于心"，以观察、领悟、记忆、再现的途径创作。尤其是中国艺术，受到佛教的重静默沉思和道家的重观察体悟的思维方式的影响，终于形成了独具一格的意象艺术和意象造型的手法。意象造型是延迟模仿法的必然产物。

运用延迟模仿形成的意象造型方法再后来升华为中国造型艺术的美学原则："外师造化，中得心源"以及"目识心记，以形写神"。这种造型原则从先秦形成后，一直承传下来。清代著名画家郑板桥所谓"眼中之竹"到"胸中之竹"再成为"手中之竹"的创作过程十分清楚地表述了延迟模仿的全过程。

直到当代，中国的山水画、花鸟画家仍然承袭这种方法："搜尽奇峰打草稿"，主要默记山水的神气，然后进行默写训练。通过以上反映现实的方法的比较，中国雕塑的特征，尤其是秦俑的特征就显而易见了。

关于兵马俑的意象特征，中国不少研究兵马俑的学者也都发现，兵马俑相对于中国传统雕塑，显出更多的写实性，而相对于古希腊雕塑，又显出更多的主观性、抽象性、写意性，显出明显的东方色彩、中国风格。

秦俑不求细枝末节的真实，而抓住关键的部位，运用艺术的夸张和提炼概括的技法塑造。在个别秦俑的局部造型上，会出现因过分夸张而雕像失实的地方。比如，有的秦俑外眼角比内眼角高得多（高1.7厘米），眼眶几乎要竖起来；又如有的秦俑眼眉弯成"人"字，这些现象在现实人们的面形上都很少见。

陶俑马在造型上以夸张、意象化的手法来表达战马的典型的"真"。例如马的双耳一律竖立，耳窝正面朝前，形如削去的竹筒。这种造型是为了表达中国先秦"相马经"上对千里马、神骏所描绘的耳朵特征，而与现实中的马不同。在兵俑的总体神态上都表现出严肃冷峻的表情，以显示秦军刚毅威猛的超凡气势。由此可见，秦俑不是呆板再现现实的作品，而是充满意象的中国气派的作品。

还值得一谈的是秦俑与希腊雕塑在色彩使用上的不同。希腊在公元前6世纪以前的作品也有全身着色的，这也是受埃及雕塑的影响。在古埃及，对浮雕、圆雕都一概着色，从现存的古王朝（公元

前2686—前2181年）拉荷太普国王和其妻尼费雷特的圆雕看，男像涂成浅棕色，女像涂成浅黄色，衣服用白色。以后的时代所用的色彩按古王朝程式发展，用色更是多样。

但是，希腊雕塑在公元前6世纪以后，就很少着色，逐渐以肌肤的质感、体形的光影来表达人体的生命力。西方艺术理论家指出："东方国家（包括远东国家）的艺术，喜欢真实的表现。希腊和罗马的艺术尤其对造型感兴趣。"

因此，就像在雕塑中一样，他们在建筑中也喜欢做成立体的。对于希腊或罗马的艺术家来说，色彩是其次的。在很长一段时期内，希腊的花瓶限于3种颜色：黑色、红褐色和白色，而以这3种颜色来代表明暗之间的全部色调层次。东方艺术，中国艺术善于运用复杂而鲜艳的色彩。在秦俑上就曾有着精美的彩绘，可惜经过后来的火烧和2000多年的地下水的侵蚀，已经斑驳褪色、面目全非了。

秦始皇陵兵马俑二号铜车也是通体彩绘，彩绘样式达几十种。秦俑彩绘颜料主要有：红、绿、蓝、黄、紫、褐、白、黑8种颜色。

回想秦俑的超常数量的整齐一律和色彩的鲜艳夺目、富丽堂皇的场面是令人惊绝的，而这是中国雕塑传统，是希腊罗马雕塑所没有的。这种圆雕身着艳丽的彩绘的传统，经过唐宋雕塑的发扬光大一直沿袭到现在。

可见秦俑以及古代中国艺术，不是汉夫勒所说的是来自古希腊罗马艺术，是西方艺术的功绩，更不是亚历山大一世的业绩，而是勤劳聪明的、极富美感的中国人民独立自发创造出来的。汉夫勒的"欧洲文化中心论"和以欧洲为源的"一元化文化传播论"，早被大量的考古发掘材料和人类文化学的研究所摒弃。如果有谁还坚持己见，那么他将在艺术理论史的研究中贻笑大方。

已故的美国著名艺术史家房龙在其著作《人类的艺术》中说："希腊人不但不是第一个登台的人物，反而是最后出场的人物。""在我们能讲清一国的艺术如何受到另一国艺术的影响之前，我们最好要小心一点。""西方花费了好几百年的时间才懂得，原来中国绘画同西方绘画一样好，一样趣味隽永，如果不是远远超过西洋画的话。"

秦俑的发现是中国和世界雕塑艺术史上的一大奇观，其规模之大、气势之宏伟、形象之美，在世界雕塑艺术史上也独树一帜。秦俑是古代东方艺术的一颗明珠，开创了中国雕塑史上大型雕塑群的先河。

人们以前认为，中国雕塑艺术的发展道路与欧洲大不相同。欧洲人引以为荣的希腊罗马雕塑在中国美术史上根本找不到。然而秦俑的发现打破了这一观点，先秦雕塑古朴拙雅，在接受佛教文化之后，逐渐形成了中国雕塑的艺术风格。

秦兵马俑的发现使中外美术史专家们目瞪口呆，人们在这里发现了2000多年前东方古典现实主义雕塑艺术的高峰，找到了中国美术史上长期缺失的一页！其艺术表现形式，给人留下了强烈印象：

大，多，精，美。

所谓"大"，是指秦俑坑规模宏大，气势恢宏。3座俑坑占地两万多平方米。俑坑内的秦俑、陶马高大，与有血有肉的真人、真马大小相似，是秦以前雕塑所没有的。秦始皇时代的一些雕塑，都以宏伟、巨大为特征，秦俑是中国目前发现的最大的陶塑，平均高度为1.80米，最高为2米，具备了高大威猛的特性。

所谓"多"，是指秦兵马俑数量多，3个俑坑约有8000件兵马俑。一号俑坑显示了秦代步兵和车兵联合编队的场面；二号俑坑展示了步兵、车兵、骑兵3种兵种的联合编队；三号俑坑展示了秦军军队的真实面貌。

秦俑形体高大，数量众多。一行行，一列列，步武严整，古今中外雕塑史上也仅此一处。它具有强烈的感人魅力，使人好像置身于金鼓铮铮、战马萧萧的千军万马之中。它生动地再现了秦军"带甲百余万，车千乘，骑万匹"，体现了秦军兵强马壮，气势磅礴，令人叹为观止。

所谓"精"，是指用写实主义创作手法，无论形体、结构、比例、质感、亮度都以准确的解剖构造作依据。从秦俑的面部，可以看出皮肤肌肉下颧骨、眉骨、颌骨的准确位置，五官的大小、比例、位置一丝不苟，形体的凸凹无不符合人体解剖构造。

所谓"美"是指秦俑的人物形象有着生动的写实性和高度的典型性，这是中国古代雕塑史上的奇迹。尽管因整体构思的需要，众多的兵马俑均为静止直立体，并无多大的动态变化，但制作工匠们十分注重头部的造型和脸面细部的刻画，以此来传达人物不同性格、经历和微妙的心理活动。

秦兵马俑的震撼人心的艺术力量，更多的来自壮阔的阵容和磅礴的气势。这种群雕艺术堪称独一无二，而古希腊雕塑的艺术魅力则更多地来自细腻娴熟和完美无瑕。

秦俑的雕塑手法，把秦代军队中各阶层、各类型的人物神态刻画得神气昂然。如果你仔细端详一张张秦俑的脸庞，肯定能读出他们丰富的情感。有的温文尔雅，有着志在必得的自信神情；有的沉着稳定，从容中透出果断；有的聪明机智，期待着建功立业；有的健朗洒脱，早已把生死置之度外。

秦俑是秦国军队的真实写照，显示了秦代雕塑艺术已趋于成熟，为现代的艺术创造提供了艺术源泉。

说起"世界第八大奇迹"，使人想起了千百年来脍炙人口的世界七大奇迹：埃及的金字塔，巴比伦的空中花园，奥林匹亚宙斯神庙，位于小亚细亚的摩索斯国王陵墓，位于地中海、爱琴海之间的罗得阳神巨像，土耳其境内的月亮女神庙，埃及港口的亚历山大大灯塔。秦始皇兵马俑作为东方民族的智慧的结晶，与上述世界文化奇观一起享誉天下，共同代表人类文明辉煌

成就的伟大里程碑。

然而，2000多年后的今天，除了金字塔在埃及的沙漠中独自抵挡时光的侵蚀之外，其他六大奇迹早已被历史冲刷得几乎不存在了。这时，令人欣慰的是秦俑从地下站了起来，其恢宏气势和丰富的内涵都是空前绝后的。

秦俑坑中出现的陶俑、陶马，基本上都已破碎，这为我们观察其制造方法提供了方便。经考古工作者仔细观察，发现制作秦兵马俑的工匠很多，而每人的做法并不完全相同，但其制作过程大体分为4个步骤：塑型、雕饰、焙烧和彩绘。

雕塑秦俑的人，有来自中央制陶作坊的，有的是来自国都咸阳的著名工匠，有的是来自民间的能工巧匠们。这些雕塑家的创作态度是严谨的。秦俑头上的发髻、绾结的走向及一丝一丝的头发，都清清楚楚地刻了出来。

当然，由于秦俑这个特定的题材和秦代特定的生活环境，或多或少地束缚了艺术家手足和思想，使这些雕塑家的艺术水平没有得到充分发挥。根据一个日本专家分析，秦代雕塑家们在雕塑秦俑时有模特，他们的模特，便是秦兵。

随着近年来秦兵马俑一、二、三号坑遗址，展厅和秦始皇陵文物陈列大厅的相继开放，秦俑日益成为世界瞩目的焦点。于是有人评论道："到了中国没去陕西，等于没到过中国；而到了陕西没到秦俑馆等于没到过陕西。"

秦俑在制成时是有颜色的，这些颜料是矿物质或植物颜料。有粉红，浅绿，粉蓝，朱红，赭石，粉紫，天蓝，枣红，中黄，橘黄，白，黑等。从部位看，脸和手都是粉红色，其他颜色如衣、甲、靴、马耳是红色，马牙是白色。给陶俑上色的方法是：现在烧制成的秦俑、陶马身上涂一层生漆作底，在底色上敷彩。

绘彩一般是平涂色。在秦俑身上，可以明显地看到塑绘结合的痕迹，即将绘彩作为雕塑的补充，在雕塑时也为绘彩留下余地。整个俑坑原来的基本色调的颜色是冷色的，气氛显得清丽而阴冷，并不因为施彩而热烈，这也是因为它是作为陪葬品的原因吧。

秦兵马俑雕塑艺术及制陶工艺不是凭空而来的，它继承了从新石器时代以来的雕塑艺术传统。石器时代的红山文化女神像、半坡的秦俑头、殷墟、春秋战国的秦俑等，无一不是秦俑雕塑的原始题材。而秦俑雕塑对汉唐以后的雕塑也有极大的影响。所以说，它是承前启后的，无数的无名艺术家们在艺术接力中起着传递作用。就是他们，为我们留下了这些不朽的艺术珍品。

陕西是周、秦、汉、唐的中心，是中国古代黄金时代的政治和经济重地，是最能代表中华民族的古老文明之地。这里流淌着华夏民族的生之河，孕育了中华千年古老文明。时至今日，这些昔日的京畿之地已成为往事，只留下一处处遗址让人去思考和品味。现代的雕塑艺术，也会随着秦俑这些千古之谜的不断破解，而发展创作。

彩绘与泥塑的结合

秦俑艺术的突出成就主要表现在精湛的艺术技巧和技术手法上。秦俑技术集中国先秦时代泥塑艺术之大成，并在其基础之上将其发展到一个全新的高度。现在我们就通过以下几方面来见证一下古代秦始皇陵兵马俑高超的技艺和表现手法。

第一，将彩绘和泥塑结合起来。将彩绘和泥塑相结合，是中国古代雕塑的一种传统技艺手法。而秦俑就是对这一种手法的完美诠释。由于秦朝末期项羽屯兵咸阳时纵火焚烧的缘故，彩俑身上的彩绘颜色只剩下一些残存的痕迹。近几年来由于采用了一些先进的技术手段，完整地出土了一些颜色保存较完整的彩色陶俑，使得人们得以一睹其原来的风采。

出土的彩陶俑的手部、面部和足部的颜色多为粉红色，但是在二号俑坑里却发现了一件绿色面庞的秦俑，一下子在国内外引起了巨大轰动，人们为此做了种种猜想。

说到色彩问题，不能不说一下古人对于颜色的认识态度。

古人把绿色称作苍黄之色，比如古人如果说"绿云""绿发"，就是指灰暗色的云彩和头发，而不是说"绿色的云彩""绿色的头发"。一号俑坑中出土的两匹陶马，受光面涂绘成枣红色，马头的颔部及腹部的背光处却涂抹成绿色，正好说明了古代的秦朝人将绿色视为灰暗色。

秦俑手部、面部以及足部涂成粉红色，因为人的皮肤与粉红色反差较小，所以人们看到之后也感觉不到有什么不同；而绿色与人的皮肤的颜色反差太大，所以这样的颜色必然会引起人们的惊奇。这种现象正好反映了秦王朝时代，人们对色界的认识和调色技能方面的原始性和不完善性。

从总体上来看的话，陶俑的色调明快艳丽，显得气氛热烈，富有生气。在绘画与雕塑的关系处理上，秦代的雕塑者们特别注意到了二者之间的相互补充、相互配合后的效果。比如他们将眼睛雕刻得比较小，眼球则相对平缓，这样当彩陶工绘成白眼球黑眼珠后，原来看起来很小的眼睛就变得大而有神了；比如将马嘴的开张和鼻孔塑的小些，当彩陶工绘成红色的舌头、白色的牙齿和肉红色的鼻孔后，这匹马就变成了鼻孔粗大翕张、张口嘶鸣的形象。这样就取得了彩绘与雕塑相得益彰的立体艺术效果。

第二，有机地结合圆雕、浮雕和线刻。2000多年前，中国的泥塑就已经形成了一套比较完善、系统的技法工艺。这套工艺是将圆雕、浮雕和线刻等技法有机地结合起来，以此显示出立体形象的体、量、形、神、色、质等艺术表现效果。

那些技艺娴熟的工匠师傅们在堆塑（也称"堆贴""塑贴"或者"堆

雕"，就是引出或者塑出立体状的纹饰贴与胚体上的一种装饰方）或局部用模塑出大型的基础上，再用多种特质塑刀等工具做平面塑型，拉线、印花、挑、填、刮、磨等手法塑造出同一类型而性格各

异的形象。这种技术手法非常复杂,但对后世的泥塑有着深远的影响,直到今天仍然非常适用。

第三,写实技法的延迟性和模拟性。观赏兵马俑的游客可能会有这样的疑问:这些陶俑是不是以真人、真马为模特而临摹的?其实这些陶俑确实是以真人、真马为原型塑造的。但是与西方艺术家面对模特写生、模仿创作方法不同的是,古代的那些工匠们是采用观察、记忆、领悟、再现的途径进行创作的,这就意味着当他们意识到自己已经进入状态的时候,就会离开观察对象而直接进行创作。

秦俑的作者都是从全国各地征调来的能工巧匠,他们对于以农民为主的秦国军队的基层士兵形象非常熟悉。那些工匠们在把现实中无数的形象进行归纳、提炼以后,再与生活中真实原型的人、马进行对比,从而得到更加鲜明的艺术造型。

尤其是参加制作的工匠人数众多,个人的生活体验差别很大,因而对所描摹对象最鲜明的特征捕捉也各不相同,因而形成了姿态各异、形式多样的秦始皇陵兵马俑,这不能不说是泥塑史上的一个奇迹。

第四,不能不说的一个错觉。秦始皇陵兵马俑已经出土了数千件秦俑,这些秦俑身材高大,威武雄壮,气象万千。他们的身高一般都在1.8米左右,最高的达2米之高,最矮的1.72米。这个身高现象引起了人们的关注,大家由此误认为秦始皇时代的人的身高普遍比现代中国人高。

但是考古学家从已经发掘的数千座秦墓中出土的人的尸骨分析发现,秦人与现代人的身高大致相当,古代身高八尺(1尺约等于0.23米)就被认为是"相貌魁伟"的彪形大汉,而现代身高1.8米的人数不胜数。这样说的话,秦俑的身高是明显高于当时真人的身高了。

是什么原因让古代技术精湛、态度认真的工匠们将秦俑的身高明显拔高呢?谈到这个问题,就得给大家补充一些雕塑艺术上的知识了。

雕塑艺术上有条重要的规律：要想让雕塑作品看起来与真人一样高，那么这个雕塑作品就得在雕塑的时候做得比真人高一些。这是因为视觉差引起了错觉。如果要是将雕塑作品制作成与真人大小一样的话，这样观众看起来就会觉得没有真人大。由此可以看出，早在2000多年前的秦代，中国的雕塑家们就明白了这条艺术规律。

　　第五，夸张手法的巧妙运用。在兵马俑的表现形式上，塑造者们采用了夸张与概括提炼相结合的艺术表现手法，从而使得兵马俑在真实性的基础上更加具有艺术灵动的气息。古代的艺术家们在秦俑美貌的塑造上增加了厚度，这样就把眉毛表现得有棱有角，近看觉得形似，远看更加生动清晰。有些秦俑的胡须塑造得飞起来、立起来、翻卷起来，这种夸张使人不仅没有感觉到不真实，反而更加体会到人物性格鲜明、突出。

　　陶马的塑造也是采用这样的表现手法。秦代的艺术家们采用大手笔对陶马的四肢进行砍削处理，最终得到一个前圆后方、棱角鲜明、透皮见骨的宝马良驹来。他们将马的胸部用夸张的手法塑造得肌肉厚重，肌腱隆突，臀部圆润丰满，马背微凹，带有节奏的韵律性。而在马头的处理手法上就更显得高明：头如剥兔，睛如悬铃，双耳尖小而厚。这样的马显得十分机警，非常有神。

　　通过以上分析我们就可以知道，就秦俑艺术成就来看的话，中国的雕塑艺术到了秦代已经达到相当高的水平，并且已经形成了自己独特的民族风格。所以说秦始皇陵兵马俑是比较成熟的作品，是中国古代雕塑史上一个成功的群体典范，它对于后代的艺术发展有着深远的影响。

艺术手法的浪漫

　　所谓"事实"，是指真实性。兵马俑从造型艺术角度上看，其制作者追求的是一种高度的写实性风格，秦俑将士无论是从形体比例、面部结构还是神态仪容都十分准确生动。而浪漫性指的是秦俑雕塑除了高超的写实手法外，它的千姿百态、形象各异的外部特征构成了艺术手法的浪漫性。现在我们就兵马俑的艺术成就的主要体现，从以下几个方面进行解析：

第一，从解剖学的角度去分析，兵马俑都以人体解剖的具体入微的刻画来造型，秦始皇陵兵马俑坑中的兵马，没有一处是按照具体的骨骼和肌肉来造型，是对现实中的人与马观察之后，靠记忆塑造的。这种记忆中的物象，只是抓住大的体块特征和表面的肌理特征，以圆扁的变化来处理体积，以不同的线纹来表现肌理、眼、眉、口、耳的细节，形成一定的程式，而发式的纹理等则更加装饰化。

第二，兵马俑的雕塑者对于兵马俑细节的刻画完全符合解剖结构的要求，无论是手指的长度、肌肉的厚度、小腿的圆扁都写实严谨，清晰合理。尤其是面部五官的塑造更是精彩至极，三庭五部无不准确到位，眉骨、颧骨也都微妙合理，更是通过人物眉毛的浓细高低变化、

眼睛的平视或侧看以及嘴唇的上扬或下垂，表现出不同的人物个性。

具体到五官的刻画，眼角内低外高，上眼皮覆盖下眼皮，眼睑包裹着眼球，鼻孔的大小，鼻翼的宽窄，鼻中隔的高低以及内耳轮、外耳轮的形状厚薄都交代得非常清晰……这些都显示了秦代雕塑工匠高超的写实水平和严格的写实主义创作手法。

陶马的塑造也异常精彩，马的前胸宽阔结实、肌腱突出，似乎可以透过皮肤看见肌肉。马的臀部塑造得浑圆、丰满，腰部微微向下凹，富有节奏感。整个马健硕的体形、丰满的肌肉，都被塑造得准确到位，腿、蹄的刻画也完全符合解剖结构。

马头的塑造更是细腻传神，雕塑工匠抓住耳、眼、鼻、口等关键部位进行刻画：双耳尖竖如斩竹，两眼圆睁似铜铃，鼻孔大张，口裂较长，几乎没有任何失真之处。这些陶马以其矫健的肢体和警觉的神态显示了我国秦代工匠在动物塑造中高超的写实技巧和深厚的工艺传统。

第三，从色彩学的角度去看，秦俑模拟色彩真实，符合视觉感受的"真"。现在我们看到的秦俑由于氧化褪色呈现青灰色，但秦俑刚被埋入地下之时，色彩肯定是异常绚丽丰富的。秦俑的上色方法采用的是平涂法，在上色彩时，秦代的工匠们可能没有考虑光影和明暗变化，所以这些秦俑的颜色是对照实物颜色调好后平涂上去的，这样就做到了尽可能还原色彩真实。

比如说秦俑铠甲甲片的颜色一律为赭石色或褐色，这与皮革的色彩一致，另外秦俑的战袍、裤子大多敷以红色、绿色、蓝色，这与秦朝的流行色一致。再如，秦俑的颜面、手脚等所有暴露的皮肤，都施以粉红色，很自然地表现皮肤肌肉的质感。从面部颜色保存完好的俑头观察，眼睛虹膜涂黑，巩膜画白，再用墨笔勾画睫毛既完全符合客观真实，又使眼睛生动传神。

第四，从生活真实的角度去看，秦俑的铠甲、衣袍，甚至连鞋

149

底的针脚、铠甲的编缀方式都完全遵照现实刻画，完全还原了客观真实。秦俑的铠甲有3种样式：一种是俑身前后、肩部都雕塑有甲片的铠甲；第二种是只有铠甲前后和肩部有甲片，周围用皮革等代替的铠甲；第三种是只有胸腹有甲片，肩、背部无甲片，背后用交叉绳带与甲片连接的铠甲。

秦代工匠们在铠甲刻画方面也做得非常精细。甲片的编缀方式也是精细复杂。秦俑坑发掘简报讲道："甲片分为固定甲片和活动甲片两种。固定甲片都是上片压下片，活动甲片都是下片压上片，上下用连接带联系。甲片上钉有甲钉一至六枚，甲钉多少由甲片部位决定。

固定甲片上的甲钉比活动甲片上的甲钉多，其中胸前中间一行甲片上甲钉最多，身后一行甲片上甲钉最少。"甲片刻画得如此精细严谨，甚至每一个甲片上针孔的个数都是统一的18个，做到如此规范严格，显然是对秦军真实铠甲的复制。

兵马俑的热潮

秦始皇陵兵马俑自出土以来，在世界上掀起了一股股兵马俑热潮，吸引着来自世界各地的游客前来参观、研究。据秦始皇兵马俑博物馆工作人员粗略统计，截至2011年12月底，秦始皇陵博物院接待中外游客达527.3万人，同比增长31.21%。由此可见秦始皇陵兵马俑在人们心中的崇高地位。

除了国内游客以外，秦始皇陵兵马俑博物馆还接待那些来自海外的研究者、观光者。那些海外参观者中既有元首领袖，又有普通老百姓。他们怀着对东方艺术的憧憬，不惜远涉重洋，长途跋涉来到中国瞻仰这一东方瑰宝。

1984年4月29日下午，美国总统里根率领600余人的代表团到秦俑博物馆参观，当时通过卫星向世界各国现场直播，盛况空前。

1985年11月,美国前国务卿基辛格第二次参观秦兵马俑,他说:"每参观一次,都使我耳目一新。"他认为秦俑是"具有伟大创造的人民和走向未来的明证"。

1976年5月,当秦俑的发掘工作正在进行之中的时候,新加坡总理李光耀听说便要求到现场看看。在狭窄的试掘坑中,他看了当时有限的几件陶俑,便兴奋地说:"这是世界的奇迹,民族的骄傲。我也是中国人,也有我的一份。"

第二天,报纸登载了李光耀总理参观秦俑的消息和照片,并引用了他对兵马俑的评价。这一消息引起了极大的反响,从此以后,外国元首和政界要人接踵而至。李光耀总理曾先后两次参观秦始皇兵马俑。他是最早称兵马俑为"世界的奇迹"的人。

在外国元首、总理等名人纷纷参观秦兵马俑的同时,中国领导人也先后来秦俑博物馆视察。1979年4月9日上午,秦始皇陵兵马俑正式对外开放,当时担任副主席的叶剑英便来到秦俑坑参观。在临时陈列室里,叶剑英同志仔细地视察了兵马俑坑出土的刀、矛、剑、戟、戈、殳、弩机、铜镞等兵器,并且亲手摸了摸这些兵器,以感受它们的锋利程度。

当讲解人员介绍将军俑铠甲上的花穗是代表军人等级的标志时,叶剑英便问身边的工作人员,秦代的军队有多少个等级。讲解员详细地告诉他:"根据史书记载有二十级军功爵位制。"叶剑英听后说道:"看来没有军衔是不行的。"

1980年7月1日上午,时任中央军委主席的邓小平曾来秦始皇陵兵马俑博物馆参观两个多小时。他详细地观看了兵马俑俑坑出土的文物,并依次到各展厅参观,认真听取了接待人员的讲解,并仔细询问俑坑的发现及发掘、展出情况。

来自世界各地的游客都深深地被中国古人的聪明才智所震撼。他们纷纷抒发了自己对秦始皇陵兵马俑的仰慕、惊叹和赞誉之情感。

第七章 走进说不尽的兵马俑

秦始皇陵兵马俑作为"世界第八大奇迹",除了自身的无与伦比的艺术价值以及珍贵的历史研究价值,周身还散发着神秘的色彩。人们对兵马俑的猜测、遐想从未停止:秦始皇陵兵马俑是怎样制作而成的?关于兵马俑的一些坊间传言是否真实?下面,就让我们怀着好奇的心情,走进兵马俑背后的故事。

秦俑制作的秘密

我们之前提到过,秦始皇陵兵马俑出土的8000多件秦俑几乎是千人千面,有着极高的艺术水准。如此绝世艺术珍品是如何制造出来的,也就成为一件最令人好奇的事。

秦俑并不是一体制造出来的,而是几部分分别制作,最后再连接到一起的。

先说秦俑的头部制作。

秦俑的头都是单独制作的,需与躯体套在一

起并组装成一个整体，所以它的制作比较复杂和特殊。制作过程大体可以分为两个步骤：第一步先用陶土做成大致轮廓的粗胎；第二步再加工雕刻兵马俑的五官和发髻、发辫、冠帻等细部。

绝大多数俑头的粗胎都是用合模法制作的。这种方法是将俑头分为大致相等的前后两半，分别用模具制作，将模制成的两半相合黏结在一起成为头。像兵马俑这样的大型物件黏合时留下的缝比较整齐，而且多数位于耳朵后。所以兵马俑坑中的一些俑头出土时，合模缝处已经裂开，胎壁的内侧有手指的抹划纹和按压纹。

制作完成了俑头的粗胎后，要进一步黏结脖颈、耳朵、发髻、冠帻以及进行五官的细部等。有的俑头的脖颈是空心的，有的是实心的，它们都被黏结在脑壳下部的空腔内。耳朵则是用单模制作，黏结在脑壳的左右两侧，也有少数俑的耳朵是堆泥捏塑和雕刻而成。秦俑的发髻有两种：一种是贴于脑后的扁髻，多数是堆泥雕成，少数是单独制成后黏结在脑后；另一种是圆髻，有的是空心髻，有的是实心髻，空心髻是用合模法制成后黏结在头顶右侧，实心髻是堆泥雕成。

发辫的制作技法有两种：一种是雕刻而成，另一种是单独雕成后黏结在头上相应的凹槽里。俑头上戴的长冠和鹖冠，都是单独雕塑成型后黏结在头顶上的。步兵俑的帻和骑兵俑头上的圆形小帽，都是在头上覆盖上泥后雕成的。

俑头面部的五官是在模制粗胎的基础上，再经过精心的雕刻和修饰，以表现人物不同的性格和心理特征。年龄不同，面部的肌肉也相应地有所变化，可以说是千人千面，面貌神情各不相同。

再说秦俑身体部分的制作方法。

俑身是从下而上逐步采用叠压塑造法制成的。采用这种方法第一个步骤是制成粗胎，然后再进行细部的处理和雕刻，其工艺过程有6个步骤：

第一步，制作秦俑站立的脚踏板。由于秦俑站立的姿势不同，脚踏板的形状也不同，有方形、长方形、五角形等，是用方框形的模具填泥制成板状，表面光滑。

第二步，塑造俑的双脚。有的秦俑的双脚和脚踏板连在一起塑造，有的不和脚踏板连在一起，等到入窑焙烧后再把脚踏板用胶合剂黏结在脚下。为了方便下一步接塑双腿，在做脚和鞋时，有的在脚跟部分预先留下圆形凹槽或圆形插头。

第三步，俑的双腿和短裤。俑的腿有粗、细两种，细腿是实心的，粗腿是空心的。实心腿的做法是：先把泥片反复卷搓锤打成圆柱形，接塑在脚跟上，交接面上拍打粗绳纹，使结合紧密，再经过刮削修

饰成型。空心腿的做法多种多样，有的在脚跟上堆泥塑成脚腕，在脚腕上用泥条盘筑成型；有的用泥片卷成漏斗状，接在脚跟上；有的将泥片卷搓锤打成实心的泥柱黏结在脚跟上，再将泥柱的上半段挖成漏斗形的洞。

秦俑下身穿的短裤的制法是，先在双腿的上段外侧拍印一圈粗绳纹，有的是缠扎几圈粗麻绳，把预制的泥片包裹在双腿上段塑造成裤管，并印上花纹。

第四步，塑造俑的躯干。秦始皇陵兵马俑坑出土的秦俑的躯干内部都是空的，用泥条层层盘旋塑成。观察已经破碎的秦俑躯干内壁，可以发现一圈圈的泥条接茬痕迹明显，还有手指刮抹的痕迹，并留有圆形的锤窝。这说明为了使泥条缝隙密实，曾经在俑的体腔内侧衬着麻布或绳的编织物用木槌捶打。

第五步，黏结俑的双臂。秦俑的双臂是空心的，都是单独制作的，然后黏结到躯干的两侧。为了增强接茬处的附着力，在黏结面印上粗糙的纹路或用刀划出交错的沟痕。

第六步，插接俑的双手。手都是单独制作，然后插接在袖管内。手的姿态多样，所以制作的方法也不一样：有的伸掌，有的半握拳，有的双手叠压在肚子前作拄剑状，有的缩在袖管内只露出拇指和食指。秦俑的手部采用了两个模具制作，其中一个模制四指和手背，另一个模制掌心和拇指，最后将两片黏合在一起。然后就形成了形象逼真、造型迥异的手部陶俑。

经过这6个步骤之后，秦俑的制作基本完成，在这个基础上再进行下一步的细致雕刻。在秦俑粗胎表面抹一层细泥，经过打磨抹光，刻画、塑造衣襟、领角、领口和衣服的各种褶纹。衣角和衣领采用浮雕加阴线刻的技法，衣襟、袖口的纹路做成浅浮雕的效果，衣服的褶纹用阴线刻，风格简洁。短裤的裤管下口，雕成圆形、方形、六角形、八角形等不同形状，装饰意味十分浓厚。

有的俑腿部有厚重的护腿，但没有复杂的纹路，线条简洁，质感较强。秦俑身上的铠甲，有的是在俑的粗胎上直接雕刻，有的是在粗胎上先抹一层细泥，然后雕刻成浮雕的效果。甲片的叠压关系很清楚，形象逼真，质感和立体感都很强。秦俑的手、脚和鞋的细部刻画比较精致，手的指甲、关节、手纹和肌肉的厚薄都非常逼真，脚面的肌肉和筋骨的变化都十分清晰。

秦俑的躯干和四肢部分经过精心的雕刻以后，再把另外单独制作的俑头安装上，秦俑的整个制作过程就完成了。等到秦俑的胎质完全阴干后入窑焙烧，出窑后再彩绘。

鬼斧神工的陶马制法

陶马绝对是秦始皇陵兵马俑坑中的一道亮丽的风景线。

陶马出土时没有一件是完整的。考古工作者在清理和修复陶马的过程中，发现陶马的制作方法是：先将马头、颈、躯干、四肢、尾、耳等分别制作，然后黏结和拼装成为粗胎，再经过雕饰加工成型，阴干后入窑焙烧，最后彩绘。

陶马的身体塑造手法简洁，都是弧面没有雕饰，这样就显得膘肥臀圆，肩部高耸，脊部微凹，胸部肌腱隆突，前腿如柱，后腿如弓，关节筋骨分明。马头的塑造比较细腻，显得透皮见骨。

薄薄的眼皮用折皮的阴线表示折纹，眼球隆凸。粗大的鼻孔上刻着螺旋形的折曲阴线，借助光线的阴暗作用，好像看到了马在扇动着鼻翼，打着响鼻。马的耳朵向前耸立，显得十分机警。陶马的造型准确，各部分的比例适宜，技法熟练，说明了秦代在雕塑动物的造型上达到了相当高的水平。

那么这些栩栩如生的兵马俑又是由谁塑造的呢？经过考古工作者多年的研究，弄清楚了秦俑的具体制作者是处在秦王朝社会下层的一批陶工。这些陶工有的来自宫廷的制陶作坊，有的来自地方的制陶作坊，目前已经发现陶工的名字80个。他们都是具有丰富实践经验的优秀制陶工，陶工的名字一般刻在或戳印在秦俑、陶马身上一些不被人们注意的地方，字数很少，一般只有一两个字。

这些被埋没了2000多年的艺术大师，由于兵马俑的发现而重新出现在人们的面前，这对中国考古史和文化艺术史有着重要的意义，兵马俑也因此成为世上无与伦比的稀世珍品。

营建年代新猜测

关于秦始皇兵马俑建造年代虽然没有绝对的定论，但主流说法一直是：秦始皇统一后才开始营建。但是，有一些专家学者对这一看法提出了质疑，认为秦始皇兵马俑坑营建年代上限不早于秦始皇"十九年"，下限不晚于秦统一，当在公元前228年至公元前223年的约5年时间建成完工，并提出了合理的依据。

认为秦始皇陵兵马俑坑营建于秦统一前并不是空口无凭。提出这一质疑的专家学者从俑坑出土的纪年铭文兵器中找到突破口，又经过合理科学的推测、多方面的考证，得出了关于兵马俑坑营建年代的新猜测。

带有纪年铭文的青铜兵器主要集中出土在一号坑，以戟戈和铜铍为主，二号坑和三号坑目前还没有发现。据一号坑发掘报告和有关报道资料，一号坑出土了7件带有纪年铭文的戟戈。戟戈刻铭中的纪年有三年、四年、五年、七年、十年的，铜铍纪年为十五年、十九年。

作为考古学来说，出土带有纪年或年号的器物，是判断年代最主要的物证。只要器物出土的层位是科学的，就可以作为断定遗迹遗物绝对年代的标准器。不过，也有人认为这些青铜器是由于某种原因后期进入坑中的，并不可以作为证据。但这种观点很快就被驳回了，因为带有纪年铭文的兵器出土于兵马俑坑底部，在坑内兵马俑的身旁，考古发掘工作中并没有发现底层被扰乱或被打破的迹象。这些带有纪年铭文的青铜兵器显然就是当年为兵马俑配备的兵器，兵器的时代和性质与坑内兵马俑的时代和性质是一致的。

确定了兵器的可靠性，下面就要对兵器上的纪年进一步考证了。坑中出土的7件戟戈中有6件都刻有吕不韦的名字。《史记·吕不韦列传》中记载："庄襄王元年，以吕不韦为丞相，封为文信侯……庄襄王即位三年，薨，太子政立为王，尊吕不韦为相国，号称'仲父'。"又《史记·秦始皇本纪》上记载："十年，相国吕不韦坐嫪毐免。"从这两段记载中可以知道，吕不韦在秦庄襄王时为相3年，在秦始皇时为相10年，据此，戟戈刻铭中除两件三年戈外，其他5件可以肯定为秦始皇时代的纪年。

再说三年戈与铜铍。三年戈与四年、五年、七年、十年戈形制一致，均为长胡四穿；刻铭内容和格式，三年、四年、七年戈一致，纪年之下为监造、主造、造者三级。三年戈的造戈工"窝"在十五、十七、十八年的铜铍刻铭中出现，同为一人，应是秦始皇时期一名专门从事主造兵器的技工。至于十年戈刻铭中已不见吕不韦的名字，应是因为秦始皇十年时吕不韦被罢免国相，从此以后，不管是中央还是地方的兵器制造，监、主、造三级监造都变成了主造和造者两级管理，所以10年以后纪年铜铍刻铭中都没有了吕不韦的名字了。同时，也可以确定出土的16件纪年铜铍也应是秦始皇时期之物。

既然已经证明这些纪年青铜兵器是秦始皇时期的产物，那么，其中最晚的纪年是十九年，也就是说该纪年文字的出现说明兵马俑坑的营建时代上限不会早于秦始皇十九年（公元前228年）。再加之考古发掘中再未发现比十九年更晚的纪年器物，这意味着俑坑建成的年代下限也不会很晚。简单来说，秦俑坑的营建从公元前228年开始，在很短的时间内就建成结束，甚至在秦统一之前就已建成。

当然，对于这一结论，有许多人是质疑的，原因是在赵背户劳役人员墓地发现有东方六国的"居赀"刑徒。不过，这一质疑也被驳斥回去了。给出的理由是：赵背户劳役人员墓地发现有东方六国的"居赀"刑徒并不能说明陵园活俑坑工程是在秦统一后才动工的，只能说明秦统一后，人力物力又加以扩充，而在统一之前，秦国本身自己已投入相当大的人力进行陵墓工程，到统一后，主体和一些重要的大型工程已大致完成或即将完成，而作为重要的地下武装的兵马俑显然属于重大工程内的项目。就连史料中记载的李斯所说的"旁行三百丈"也不足以作为驳斥论点，因为目前没有人可以证明旁行三百丈究竟是指地宫内部还是外部，更别说具体项目了。

对秦始皇陵兵马俑营建年代提出新猜测的专家学者们认为，兵马俑坑工程的全部竣工，前后最多5年。5年是指从秦始皇十九年（公元前228年）至秦始皇二十四年（公元前223年）。《史记》

中记载秦始皇陵封土收尾工作是秦始皇三十七年至二世纪元年才完成的。他们认为，秦的统一可以使秦陵工程更加现实化、理想化，也可以对一些项目进一步完善化，但一些原计划工程项目应是在秦统一前就已基本建造完成。

对此，专家学者还给出了有力证据。他们指出，位于西部的K1、K2、K3以及东部的K6既没有砖铺地，也没有放置兵马俑，认为应该是已完工回填没再二次完善的情况，因为如果要和一号坑、三号坑一致，开间内是需要铺地砖而且要放置兵马俑的。

秦陵工程当年包括地宫、内外城墙、地面附属建筑、陪葬坑及陪葬墓等四大部分。整个工程应该是同时动工，分别实施，动用的劳役人员当在数万或上10万之众。专家学者认为，秦统一前秦陵工程以本国人员为主，负责完成了秦陵工程的一部分土木工程，包括兵马俑坑在内。统一后，又从全国抽调了一大批劳工，进行扩充项目以及完善工作。

综上所述，关于秦始皇陵兵马俑坑营建年代的新猜测还是有理有据的，所以，说秦俑坑是统一后才开始营建，也并不是绝对的。相信哪种观点，还是仁者见仁智者见智。

秦始皇陵地宫的未解之谜

秦始皇陵地宫之谜一直是众人最为追捧的热点。不仅是小说影视作品对其有着各种各样的猜测、联想，就连考古学家也是对其充满了好奇，从未放弃对地宫的探秘。

神秘的来源是"未解"。对于"上天入地"无所不能的现代人来说，却对这个2000多年的陵墓无从下手，至今仍不能进行深入的挖掘和探测，这怎能不引起众人对其的追捧？

秦始皇陵不能全面挖掘、探测的原因来自方方面面。秦始皇陵的宫墙南北长460米，东西宽392米，墙体高和厚各4米，其顶部距地表2.7—4米，采用未经焙烧的砖坯砌成。在四周环绕的宫墙范围内当为地宫，其平面近似方形，面积为180 320平方米，相当于270余亩地大。如此巨大的地宫，对于挖掘工作来说是一项史无前例的浩大工程。

抛开工程的繁复、浩大的问题不谈，现在的科技技术水平也还未达到，草率挖掘很可能会对文物产生不可复原的损害。就拿兵马俑做例子。兵马俑刚出土时大多是彩绘，但是出土以后很快受到各种自然中的因素，经过外界的风化干燥，彩色都已脱落。色彩丰富的秦俑也就变成了现在大家看到的样子。所以，如果想让文物受外界影响降到最低进行挖掘，就需要在地宫之上建有保护措施，跨度至少要在500米以上，而目前世界上最大的跨度也只有200米而已。

除此之外，秦始皇陵同隋唐的帝王陵墓不同。隋唐的帝王陵墓大多都有墓门、墓道，找到墓门就可以开启进入地宫或墓室，实在不行可以打个洞进去。秦始皇陵相较隋唐的陵墓要麻烦得多，它是先挖出规模宏大且深的墓穴，然后用一层层黄土填夯起来，不仅没有墓道，而且土层中可能有文物，挖掘会有很大几率对文物造成破坏。

虽然目前因为诸多原因让我们不能亲眼领略雄伟地宫的面貌，但根据各种探测结果以及古人记载，我们仍可对地宫进行进一步了解。

古人对于秦始皇陵地宫的情形有一些记载，其中以司马迁的记录最为可信。司马迁距秦始皇死才70余年，他所处的西汉都城长安与秦陵较近，对秦陵的研究也就更为细致、真实。同时，司马迁许多关于地宫的记载，都被考古学家证实。

司马迁的《史记》中记载："穿三泉，下铜而致椁，宫观百官奇器珍怪徙臧满之，令匠作机弩矢，有所穿近者辄射之。以水银为百川江河大海，机相灌输，上具天文，下具地理。以人鱼膏为烛，度不灭者久之。"意思是秦始皇陵地宫挖得深，直挖到地下水层，用铜液浇灌，并涂以丹漆，上面再放棺椁。地下宫殿中有文武大臣的位次，并有大量的珍宝器皿、珍禽异兽。地宫门上设有弩箭暗器，以防盗墓者等外来人进入。墓室顶上绘有天文星宿图像，地面则模拟山岳九州的地形，又灌注大量的水银做成江河大海，以机械动力使之川流不息。用娃娃鱼脂膏做成蜡烛，能燃很长时间。

司马迁的这段记载很多都已被证实，例如地宫中的水银。目前影响深入地宫勘探的原因之一就是水银。水银有很好的防腐功能，可以防止尸体腐烂，同时水银有毒，易挥发，可以让擅自进入墓室的人"有来无回"。虽然过了2000多年，地宫中的水银仍未挥发干净，擅自让人员进入，危险性极大。

另外，司马迁说的"上具天文"，也是极为可信的。虽然我们尚未进入秦陵观看墓内的星象图，但在今天已经发掘的西汉墓葬中均有出现。西汉受秦朝影响很深，"上具天文"这点应该也是受秦陵的影响。

秦始皇陵的神秘面纱虽然尚未完全解开，但相信随着科技的不断发展，谜题终有一日会解开。到时，人们将会更深入地了解这位"千古一帝"。

谁想焚毁兵马俑

秦始皇陵兵马俑俑坑土隔梁上有一块块、一堆堆木炭等类似受过焚烧的残痕。不过一、二号俑坑虽说都是经过火烧的，但火烧程度又不尽相同。试掘过程中发现一号俑坑几乎完全被火烧过，而二号俑坑只有一部分被火烧，还有一部分属于自然塌陷。

那么，俑坑的焚毁是何时、何种原因引起的呢？是不是像史书记载的那样，是被项羽焚毁阿房宫的时候一起烧毁的？

一种观点认为俑坑的焚毁是由于坑内产生的沼气（CH_4）引起的自燃。大家知道，沼气产生的首要条件是要具备产生沼气的杂物和水，同时还要有引起化学反应的相对时间。俑坑内不仅没有发现杂物堆积的迹象，而且俑坑建成与焚毁之间时间并不长。所以说俑坑客观上根本不具备产生沼气的任何可能。因而沼气"自燃说"是不能成立的。

第二种观点认为：秦始皇陵园内有关陪葬坑和一、二、三号兵马俑坑烧毁的真正原因，应是秦始皇下葬时的一种自焚的葬仪形式。这种观点认为秦始皇采用历史上祭天燔柴的方式，也就成了将埋葬时的祭品，所以都要采取火烧埋葬的葬仪。

假若此说能够成立的话，以此对照陵园其他陪葬坑和三号兵马俑坑就显得自相矛盾。如果作为一种埋葬仪式，那么按照此理相类推，那么所有的陪葬坑务必采取同样的自焚方式。然而实际上其中许多陪葬坑并没有焚烧，如三号俑坑、铜车马坑就是属于木质结构而自然腐朽后坍塌的。所以这种说法也难以自圆其说。

那么兵马俑坑究竟是怎样焚烧的呢？从历史文献来看，大多数史书记载是项羽在驻军咸阳后将阿房宫一把火烧成灰烬，连带着将兵马俑坑付之一炬。其中《汉书·楚元王列传》记载："项羽入关发之，以三十万人三十日运物不能穷。"始皇陵是否被项羽挖掘过，目前还难以进行验证判断，但陵园内大片的地面建筑被焚毁却是事实。至今仍可看到在陵园建筑遗址内堆积着很厚的砖瓦残片、红烧土块以及木炭燃烧后的灰迹等。

《汉书》记载：项羽"焚其宫室营宇，往者咸见发掘""数年之间，外披项籍之灾，内离牧竖之祸"。而这段话的原文出自两汉大学者刘向写给汉成帝的谏书中。刘向在文字表述方面仍然掌握了一定分寸，只是说"焚其宫室营宇"，意思就是项羽只是烧了秦始皇陵的地面宫殿建筑，对于地宫和兵马俑等陪葬墓群的盗掘之事只字未提。

值得一提的是，刘向写这篇谏书时，距项羽入关才100年，加之刘向是一位饱学经书的大学者，因而刘向所说的观点的可信度是非常高的。由于没有确切的证据证明项羽焚毁阿房宫，所以现在史学界对此没有定论，还有待于进一步的考证和发掘。

神兵利器为何千年不朽

秦始皇陵兵马俑坑中出土的青铜剑、箭镞、戈、矛等历经了2000多年潮湿、腐土等恶劣条件的侵蚀，没有腐朽、没有钝锈，反而锋利依旧，这让许多人都惊叹不已。究竟秦人当时做了什么，才能创造这一奇迹？

在挖掘过程中考古人员发现，兵马俑坑中出土的青铜兵器剑、戈、矛等，其表面光洁锃亮，颜色呈青铜固有颜色深灰色。经过使用高科技检测手段检验后发现，这些青铜兵器的表面上有一层含铬化合物的氧化层，这层氧化膜达约厚10—15微米，其中铬的含量为1%—2%。

工作人员经过分析得出，这是将青铜兵器放在重铬酸钾溶液或者水溶液中浸煮过的结果。正是有了这层含铬化合物的氧化层，才使得青铜兵器历经上千年而不锈不烂，保持其原本面貌。

兵马俑俑坑中出土的青铜兵器上普遍存在着这种氧化处理情况，由此可以看出这种防锈处理不是偶然因素，而是大规模工艺流程的作用。这一发现，表明了早在2000多年前的秦朝，中国就已经掌握了用铬盐氧化物保护金属的工艺。而直到20世纪欧洲和美国才掌握了这种工艺。例如德国是1937年，美国是1950年才先后申请这种防锈处理专利。

但是对于秦代工匠应用这一工艺的具体方法，科学家已经无法得知其详细的过程，但是《中国冶金简史》编写组的专家们为此做了一个有趣的模拟性试验，尝试性地验证了这一过程。下面我们就大致介绍一下这个模拟性试验的具体过程。

专家们用铬矿石加上老陈醋（醋酸的化学式为 CH_3COOH）一起加热，使其温度保持在 800℃—1000℃，使它们充分发生化学反应后形成重铬酸盐。然后再进一步加热，在这个过程中温度就不要采用上一过程那么高的温度，只要稍微加热到 400℃ 即可，这样就可以使重铬酸盐得以液化，用重铬酸盐的水溶液涂在剑的表面，这样就可以形成一层灰色的铬盐氧化层。这样的铬盐氧化层具有良好的防腐蚀功能。

正是有了这么先进的防腐技术，兵马俑坑中的青铜兵器才能历经上千年而依然保持锋利无比的状态。

伟大工程——修复工作

秦始皇陵兵马俑的修复工作是紧跟着考古发掘工作进行的，是考古发掘的进一步取证阶段，是一项非常科学而又严密的工作。修复工作通过对文物、古迹进行进一步清理和整修，不断发现、考证、研究，从而在一定程度上弥补了考古发掘上的不足，使发掘过程中获得的研究资料得到进一步的验证和补充。

大家都亲自或在电视上见到过兵马俑坑中一排排、一列列雄壮威武的兵马俑，但是大家是否知道，在刚出土时，这些威武的兵马俑都是东倒西歪，甚至支离破碎的？

秦始皇陵兵马俑坑建造时，兵马俑是安置在棚木之下的，坑道与坑道之间有土隔梁，用来支撑棚木。棚木上方覆盖着席，席上有两米多厚的土。秦人这一系列的构造设计，均是为了保护棚木下的兵马俑。不过世事难料，由于受到项羽等为代表的人为破坏与不可避免的自然破坏，最终有许多棚木与隔梁已经朽毁坍塌，底下的兵马俑也都遭了殃。考古队发掘时，只能用小铲子、刷子等工具，小心翼翼地将秦俑周围的泥土除掉，对它们做记录、绘图、照相，根据每个陶片所在的位置把他们组合黏结起来，以恢复其本来的面目。

秦始皇陵兵马俑的修复工作非常复杂，因为一些坑道受项羽军队人为损坏严重，有的秦俑几乎成了一地碎片，这给修复工作造成了极大的困难。但困难并没有使考古队员退却，修复工作从未停止。现在，一号坑的1000多个陶俑、陶马已经修复归位，组成了一支气势磅礴的陶俑大军。其他几个坑的修复工作也都得到了很大收获。虽然尚未全部修复完毕，但也已颇具规模，就连损坏最严重的三号坑也修复了大批陶俑、陶马。

现在我们就来说说修复工作的具体步骤。第一步，是要设法找到陶俑、陶马身上缺少的碎片。说起来容易做起来难，陶俑、陶马的碎片有上万片，在众多套片中寻找合适的一块，简直犹如大海捞针。有时候修复人员为了找某一块陶片，要汗流浃背地在潮湿闷热的俑坑中反复翻找。

等陶片收集好后，就开始进行第二步，着手具体的修复工作。在具体修复前，先要用小刀和刷子仔细除去留在陶片上的泥土，任何缝隙都不能放过。除去泥垢之后，再将陶片进行清洗，之后，放在阳光下晒干。如果天气不好，没有足够的日光，也可将瓦片放在1000瓦左右的碘钨灯活炭火旁烘干。待将这些准备工作做好后，按照所找到的陶片的不同性质、形状、厚度、纹路、色泽，用环氧树脂把它们拼粘起来。

接下来就要进行逐步黏结。逐步黏结时要格外细心，否则黏结处很容易脱落，使前面的工作付之一炬。为了防止胶体脱落，黏结过程中会将俑体分成若干部分进行加固。各个部分的黏结，重要的是让陶片顺着茬口由下而上逐步黏结。陶俑的双腿断茬处要用钢筋作暗支撑，陶俑体腔及足踏板要用切成小块、涂上胶的裱布平展地贴于接茬处，陶俑的躯干裂纹处要打扒钉，用尼龙绳加固。等胶干后，再修补俑体外表的裂纹，最后再做旧，此修复步骤就暂告一段落。

不过，再细致的修复工作者也不能保证每一个秦俑都能完全恢复如初。坑道中一些经过修复站立起来的秦俑中，有个别身体上留有一些拳头大小的洞，这些洞是因为一些陶片实在无法找到，只能留有一些"瑕疵"。但正是这些瑕疵，也提醒观看的人了解到修复陶俑工作者所付出的劳动与承担的艰辛。

曾经赞誉秦始皇陵兵马俑为"世界第八大奇迹"的法国前总理希拉克，1978年参观兵马俑时，数百件兵马俑仅东倒西歪地"浮出"地面，尚未经过修复。可当1991年他再次来到中国陕西参观兵马俑时，惊奇地发现千余件兵马俑已经威武地屹立于一号坑道中。眼前的一切让希拉克极为震惊，不禁赞叹道："这是一个伟大的工程！"

约旦前国王侯赛因参观兵马俑时，更是由衷地赞誉道："古代创造它是伟大的劳动，今天修复它也同样是伟大的劳动。这样破碎的古物能修得完整无缺，了不起！"

法国总统与约旦国王的称赞并不是客气的奉承。秦始皇陵兵马俑坑中的陶俑无一不是经过修复工作者的修复而恢复昔日的神采。秦俑的修复并不是一朝一夕就可完成，有时一个陶俑要经过几个月才能修复好，还有的用数年时间都不一定可以站起来。看着庞大的秦始皇陵兵马俑展示坑，就可以想象工作人员的工作量有多么大，在整个修复过程中，他们又付出了多少汗水。

寻找三号坑的统帅

兵马俑三号坑是统帅一、二号俑坑的总指挥部。既然是指挥部，就应当有统帅，但是在三号坑的发掘过程中却没有发现统帅。那么，当时秦国军队的调动大权归谁呢？

当时调动军队必须要用虎符作为凭证。虎符传说是西周时期的姜太公所发明的,是君主授予臣属兵权、调动军队的凭证,其外形呈老虎的形状,所以称为"虎符",也称作"兵符"。

1973年在陕西西安出土的战国时期秦国青铜虎符被称为"杜虎符",是左半个虎符,符有错金(用金银丝在器物的表面上镶嵌成花纹或文字)铭文40个字:"兵甲之符,右才(在)君,左才(在)杜,凡兴士被甲,用兵五十人以上,必会君符,乃敢行之,燔燧之事,虽毋会符,行也。"

战国晚期秦的新郪虎符,其错金铭文也是40个字:"甲兵之符,右才(在)王,左才新郪。凡兴士被甲,用兵五十人以上,必会王符,乃敢行之;燔燧事,虽母(毋)会符,行殴(也)。"这两个虎符的出土证实,史书中关于秦国法律的记载是可信的。秦律规定:除了战争时期,调动50人以上的军队,必须持有虎符。

根据杜虎符的铭文可以得知,如果军情非常紧急,发出烽火的警讯,统兵的将领不必等待符的两半相合,可以立即调兵采取军事行动。虎符被分成两半,左边的归统兵之将,右边的由国君掌管,两半合拢才能征调一支军队。虎符是军队指挥权的标志,它使所有的秦军都控制在国君一人手里。

从三号俑坑中可以看出,秦代军队的指挥机关在战争中已经独立出来,并且位于整个战阵布局的西北方向。通过考古专家分析,这个地理位置有利于统帅将领观敌布阵,制订严密的作战方案,又有利于保护统帅将领的人身安全。

离兵马俑坑1千米左右,秦始皇就安葬在那个巨大的土堆下。作为秦国军队的象征,兵马俑只能有一个最高统帅,那就是长眠于1千米外的秦始皇。